教师职业素养与发展规划

教师的职业生涯与规划

崔继红 李梦哲◎编著

JIAOSHIDEZHIYE
SHENGYAYUGUIHUA

吉林文史出版社

图书在版编目（CIP）数据

教师的职业生涯与规划 / 崔继红，李梦哲编著.
——长春：吉林文史出版社，2012. 11(2021.6重印)
（教师职业素养与发展规划）
ISBN 978 - 7 - 5472 - 1301 - 8

Ⅰ．①教… Ⅱ．①崔… ②李… Ⅲ．①中小学 – 师资
培训 Ⅳ．①G635.12

中国版本图书馆 CIP 数据核字（2012）第 267828 号

教师职业素养与发展规划

教师的职业生涯与规划

JIAOSHIDEZHIYESHENGYAYUGUIHUA

编著/崔继红　李梦哲
责任编辑/高冰若
封面设计/小徐书装
出版发行/吉林文史出版社
地址/长春市福祉大路5788号
邮编/130118
网址/www. jlws. com. cn
印刷/三河市燕春印务有限公司
开本/710mm×1000mm　1/16
印张/14　字数/150 千字
版次/2012 年 12 月第 1 版　2021 年 6 月第 3 次印刷
书号/ISBN 978 - 7 - 5472 - 1301 - 8
定价/39. 80 元

点亮灯塔

——教师的职业生涯与规划

对于一名教师来说，什么最重要？

这个问题的答案太多了，教师"最重要之事"永远是多项选择。比如你可能回答，专业知识啊、职业技能啊、职业道德啊、教师人格魅力啊……在这里编者无意发起一个争论，但请你在思考与之相似的问题时，不要忽略一点，那就是教师的职业生涯规划。

现在社会上广为流传一句话：你不理财，财不理你，其实说的就是一个人对其财产的规划，虽然这句话探讨的领域与本书无关，但道理同源。你不对自己的财产进行规划管理，财产不会无道理地增加，自然不会自动到你身边来，除非你买彩票中大奖。同理，你不对自己的职业生涯进行规划，成功也不会特别青睐你，除非——这个除非和中彩票的概率几乎等同。所以，职业生涯规划与成功相连，它是你迈向成功的阶梯，是照亮成功之路的灯塔。

职业生涯规划概念是在20世纪90年代传入我国的，最初其主要是用于企业的人力资源管理，使用者多为一些发展成熟的企业，专家学者的研究多针对企业员工的职业生涯规划，对教师职业生涯规划的研究较少。教师职业同企业职员的生涯不尽相同，具有很强的应用性和创造性，一名合格的教师既要能解决现实问题、不断反思和改进自己的教学手段增进自己的教学能力，还要能根据时代的要求不断充实和丰富自己的知识。对教师进行合理有效的职业生涯规划，有利于教师专业化的发展，也有利于教师自身素质的提高，更能促进教师积极主动地投入到教学工作中去，提高教学效率。教师职业生涯规划是为教师自己规划出的美好的"心灵蓝图"，最终目标是使个人自我潜能得到最大发挥，促进教师的可持续发展和成长。

没有规划的职业生涯是随遇而安的职业生涯，就如同在激流中漂浮的树叶，不能掌控自己前行的方向。广大教师们，无论工作怎样繁忙琐碎，无论怎样劳累疲惫，都请静下心来了解一下有关教师职业生涯规划的相关理论与实践内容，为自己的未来点亮一座灯塔，照亮前行的路径。

书稿初成，在这里特别感谢各位朋友和同仁的帮助。感谢吉林师范大学教育科学学院院长刘春雷教授和众位老师在学术上的意见和支持，感谢吉林文史出版社的领导和责任编辑的辛苦工作与帮助，在人生路上，我们携手前行。

由于编者水平有限，虽阅读了大量的文献资料，还不能尽括教师职业生涯规划的众多内容，仅寄望于广大读者，如果您在阅读此书之后，能静心思索，为自己制订一个未来发展规划，编者即可聊以自慰了。书中还有很多不足之处，欢迎专家、同行和广大读者批评、指正。

编　者

2012年10月

目 录

认识教师职业生涯规划

/ 职业与职业生涯规划 /

职业是人的一种重要的生活方式，一个人漫长的一生中，有着长达三四十年的职业生活期；在进入职业之前的十几年、二十几年，其生活经历与未来的职业预期有一定联系，年老退休以后的生活，也与以前的职业际遇有很大关系。

认识职业 /

我们对生活中经常挂在嘴边的词，并不一定能完全了解它的确切含义，比如"职业"。从词义学的角度看，"职业"一词是由"职"和"业"构成，所谓"职"，即为职责、责任、任务；所谓"业"即为事业、行业、业务。从劳动社会学角度来说，"职业"是劳动者能够稳定从事的有酬工作，是劳动者足够稳定地从事某项有酬工作而获得的劳动角色。《现代汉语词典》将"职业"解释为个人在社会中所从事的作为主要生活来源的工作。还有很多学者对"职业"一词的含义提出了很多观点，综合中外学者的看法我们来全面理解职业：

职业，是人们参与社会分工，利用专门的知识和技能，为社会创造物质财富和精神财富以获得合理的报酬，作为物质生活来源并满足精神需求的工作。

以上分析我们看出，职业概念具有以下三层含义：

• 职业与个人生活相关，强调物质生活来源；

• 职业与职业结构有关，强调社会分工；

• 职业与职业的内在属性相关，强调知识、技能、技巧。

职业是在社会分工不断形成和发展的基础上产生的，并随着社会的进步而不断发展变化。随着科学技术的进步、生产工具的改进和生产的社会化，社会分工越来越细，专门化的程度越来越高，职业也越来越多。有统计表明，当今各种社会职业已达三万多种。面对着这庞大的职业种类数量，纷繁众多的职业要求，每个即将走入职场的人带着自己独特的个人素质，都会面临着选择——就像不同形状的图形要想拼成一幅美丽图案的话，首要的是找到合适自己的位置——职业对人的选择和人对职业的选择。

认识职业生涯 ╱

(一) 职业生涯的内涵

职业生涯，顾名思义，就是指一个人一生所从事的工作、职业活动。在对"职业生涯"的认识上，国外很多学者从不同角度出发提出了很多不同的定义。如沙特尔 (Shartle, 1952) 认为职业生涯是一个人在工作生活中所经历的职业或职位的总称；麦克弗兰德 (Mcfarland, 1969) 认为职业生涯是指一个人依据心中的长期目标所形成的一系列工作选择，以及相关的教育或训练活动，是有计划的职业发展历程；霍尔 (Hall, 1976) 认为职业生涯是人终其一生，伴随工作或职业的有关经验或活动；杰弗里 .H. 格林豪斯 (Jeffrey H.Greenhaus, 2000) 认为职业生涯是指与工作相关的整个人生历程。

目前在职业生涯领域被最广泛使用的定义是美国国家生涯发展协会 (National Career Development Association) 提出的，即：个人通过从事工作所创造出的一个有目的的、延续一定时间的生活模式。而我国学者认为，职业生涯就是一个人的职业经历。

具体地讲，职业生涯就是以心理开发、生理开发、智力开发、技能开发、伦理开发等人的潜能开发为基础，以工作内容的确定和变化、工作业绩的评价、工资待遇、职称、职务的变动为标志，以满足需求为目标的工作经历和内心体验的经历。职业生涯占据了人生大部分时间，是一个人投入时间和经历最多的人生组成部分，是人生存和发展的条件。

职业生涯的基本内涵包括以下四个方面：

职业生涯是个体的概念，是指个体的行为经历。它表示一个人一生中在各种职业岗位上的行为经历，与群体和组织的行为经历无关，也不包括成功与失败或进步快慢的含义。

职业生涯是职业的概念，是指一个人一生的职业经历和历程。它包括"外在的职业生涯"和"内在的职业生涯"。前者是包括招聘、培训、晋升、解雇、退休等各个阶段在内的一种职业道路，而后者则更多地注重主观特征，涉及一个人的价值观、需要、动机、能力、发展取向等。

职业生涯是时间的概念，是指与工作相关的整个职业生涯期。起始于工作之前的专职学习和训练，终止于完成或退出职业工作，而不仅仅是指一个工作阶段。

职业生涯是发展和动态概念，受各方面因素的影响。一个人的职业有着变更和发展的经历，其中包括从事何种职业、职业的发展、转换、晋升等。

（二）职业生涯的意义

从以上叙述中可以看出，职业生涯是人一生中最重要的历程。职业不只是谋生手段，更是实现个人价值、追求理想生活的重要途径。孔子说："吾十有五而志于学，三十而立，四十而不惑，五十而知天命，六十而耳顺，七十而从心所欲，不逾矩。"这段话正是这个大思想家的职业生涯，即他的人生成长过程的精辟写照。可以说，拥有成功的职业生涯才可能实现完美人生。

1. 职业生涯是满足人生需求的重要手段

人们的大部分人生需求都要通过职业生涯来满足，作为个人生命中投入时间、精力最多的人生组成部分，职业生涯使我们体验到爱与被爱的幸福、受人尊敬、享受美和成就感的快乐。素质越高，精神追求就越高级，对职业生涯的期望也就越大。

2. 职业生涯促进人的全面发展

现代人追求全面发展。随着生活水平和教育程度的提高，人们的自我意识逐渐增强。年轻人不仅渴望拥有丰富的知识、和谐的人际关系、良好的工作能力，以及在事业上有所建树，他们还渴望享有幸福和谐的家庭生活和丰富多彩的休闲时光。而职业生涯与人的全面发展有着密不可分的关系，职业生涯是人的全面发展的重要手段，而我们追求成功的职业生涯，最终是要获得个人的全面发展。

（三）职业生涯的影响因素

职业生涯既是个人发展的基础，也是个人发展的历程体现，它是受着多种因素共同影响的，美国代表性的职业管理学家萨帕提出了职业生涯发展的12项基本主张，全面地阐释了影响人职业生涯发展的因素。

【教育课堂】

职业生涯发展的影响因素

- 每个人在能力、兴趣、人格特征上都有差异。

- 每个人在个性与特征上都各有所长，每个人都可以适应多种职业。

- 每种职业所要求的能力、兴趣、人格类型都不一样，但它有很大的弹性，可以允许不同的人从事相同的职业。

- 个人的职业爱好、能力、生活环境和自我概念会随时间和经验的变化而变化，因此职业选择与适应是一种持续不断的过程。

- 生涯发展是由成长、探索、确立、维持、衰退五个阶段构成的。由一个阶段到另一个阶段的转移也构成了一个小循环（再成长、再探索、再确立、再维持、再衰退），然后继之以新角色的成长、探索、确立、维持、衰退，由此周而复始，直到生涯结束。

- 生涯发展受父母、经济、社会地位、个人心理能力、人格特征和周围环境的影响。

- 生涯发展阶段与个人能力、兴趣成熟、实践探索与自我概念的发展相关。

- 生涯发展的过程是自我概念的发展与实践的过程，是生理、心理遗传与环境等多方面因素综合而形成的。

- 生涯发展的过程是一种角色的承担过程。

- 工作和生活的满意度由以下两种情况决定：一为个人工作与自己的兴趣、能力、人格特征和价值观等符合；二为个人在成长与探索的经验上，觉得自己能胜任所从事的工作或担当的任务。

- 工作满意度与自我实现的程度相关。

- 对大部分人而言，工作是人格组织的核心；对少数人而言，工作则处于人格组织的边缘，甚至不存在（如休闲在家，或以家务为核心等）。[①]

为了表述更加清楚，使广大教师们对影响职业生涯的因素更容易把握，我们主要来探讨以下几方面职业生涯的影响因素：

1. 教育背景

教育是赋予个人才能、塑造个人人格、促进个人发展的社会活动，它奠定了一个人的基本素质，对人的职业生涯有着巨大的影响。获得不同教育程度的人，在进行个人职业的双向选择时会具有不同的能量，这关系着一个人职业生涯的开端和适应期是否良好，还关系着他以后在发展、晋升时是否顺利。人们的专业、职业种类，对于其职业生涯会具有决定性的影响，往往会成为其职业生涯的前半部分以致一生的职业类别。而且，人们所接受的不同等级教育、所学的不同学科门类、所在的不同院校以及不同的教育思想，会使受教育者形成不同的思维模式，从而使人们以不同的态度对待自己、对待社会、对待职业选择和职业生涯的发展。

2. 家庭影响

"家长是孩子做人的第一任老师，家庭是孩子第一所生活的学校。"家庭是人的生活的重要场所，一个人的家庭也是造就其素质以致影响其职业生涯的主要因素之一。"子承父业"正说明了家庭对于个人职业生涯的多方影响。邓亚萍打乒乓球、陈佩斯演电影、侯耀文说相声，都是这种影响的反映。而且其他家庭成员也会在其择业和就业后的职业流动上给予一定的支持和帮助，这也会对人的职业生涯产生巨大影响。

3. 个人的需求与心理动机

同样的工作、同样的职业对于不同的人会有着不同的价值，同一个人对不同的职

①崔智涛，孙玫路. 生涯规划教师用书 [M]. 上海华东师范大学出版社. 2007.6.

业也有着不同的态度和抉择。一般情况而言，年轻人会意气风发，成功的目标和择业标准都较高，而人过中年后就会越来越现实，究其原因就是，不同的人由于不同的年龄阶段、不同的阅历或职业经历，他们会有不同的心理需求与动机。

4. 机会

某专业的博士生，正好遇到知名企业的高薪诚聘，而他的同学就没这么幸运了，毕业多年也没有找到一份合适的工作。机遇好，职业生涯一起步就步入正轨，成功的概率大，波折和挫折就小。但是机会对于人来说是"可遇而不可求"的吗？有一句话叫"有志者事竟成"，许多事业上的成功者，并不是依赖"碰巧"的机会才获得成功，而是时刻不忘积累自己的资本，这样在机会来临的时候才能大显身手，机会只青睐有准备的人。

5. 社会环境

社会政治经济形势、社会文化习俗、职业的社会评价、时尚等等社会大环境，往往会决定社会职业岗位的数量和结构，决定着其出现的随机性与波动性，从而决定了人们对不同职业的认定和步入职业生涯、调整职业的决策。个人所在的学校、社区、工作单位、家族关系、个人交际圈等小环境，往往决定着一个人具体的活动范围、内容和限制，从而也决定了人的职业生涯的具体际遇好坏。但我们不能认为环境对人的职业生涯起着决定作用，二者之间应该是相互作用的；好的环境和优越的条件可以使人轻松顺利地发展，但也可能使人产生惰性、封闭性、依赖性和脆弱性；坏的环境中很多条件都不具备，但却能磨炼人的意志、造就人才，促人成功。

（四）职业生涯成功

追求职业生涯成功是个人事业发展的动力，职业咨询以及后面要讲的职业生涯规划都是以个人的职业成功为导向的。那么什么是职业生涯成功呢？职业生涯成功应遵循什么样的标准呢？下面介绍目前大家形成共识的五种不同的职业成功：

五种职业成功

进取型：成功升入组织或职业较高阶层，甚至达到集团和系统的最高地位，获得自我价值的极大实现。

安全型：需要长期的稳定和相对不变的工作认可，获得工作的安全、尊敬并成为"圈内人"。

自由型：在工作过程中得到最大的控制而不是被控制，他们视成功为经历的多样性和自在性。

攀登型：喜欢在工作中经常得到刺激、挑战和冒险的机会，以获得不断上升和自我实现的满足。

平衡型：在工作、家庭关系和自我发展之间实现良好的平衡和协调，以使工作不至于变得太耗精力或太乏味。①

在国外的研究里，职业生涯成功被界定为个人在工作经历中逐渐积累和获得的积极心理感受以及与工作相关的成就。并将职业生涯成功分成客观职业生涯成功和主观职业生涯成功。其中客观职业生涯成功是指在职业发展过程中所取得的可证实的、可观察到的价值成果，它的外部标准主要包括薪资水平和升迁次数，这些标准往往以他人评价为基础，如地位和头衔、物质成功（财富、财产、收入能力）、社会声誉与尊敬、威望、影响力、知识与技能、友谊和社交网络以及健康和幸福等。主观职业生涯成功是指个人对目前工作和职业主观心理感受，即个人从其所从事职业内部或外部获得的满意度，包括工资、成就、晋升以及发展的机会等，它是以个人对职业的期望值为基础的。主观职业生涯成功主要由被评价者本身做出判断，受到任职者的自我标准、年龄与职业生涯阶段、职业价值观的影响，强调任职者对于个人成就的主观感受，即职业满意度和工作满意度。

主观职业生涯成功和客观职业生涯成功是职业生涯成功的两个方面，二者是缺一不可的。只考察客观成功或只考察主观成功都是片面的，二者相互作用，客观生涯

---

① 钱杭园，李文莉. 学会学习与职业规划[M]. 科学出版社，2010.9.

成功并不是主观生涯成功的原因，许多拥有高薪与较高地位的所谓成功人士，并不都认为自己的职业成功，所以即将要进行职业生涯规划的从业者，要认清职业生涯成功中主观和客观的关系，把握好职业生涯成功的方向。

认识职业生涯规划 /

在认识职业生涯规划之前，我们先看一则小资料：

规划与人生

哈佛大学曾经对一群智力、学历、环境等客观条件都差不多的年轻人进行过一个长达25年的跟踪调查，调查内容为规划对人生的影响。结果发现：25年后，3%有清晰且长远规划的人，几乎都成了社会各界顶尖的成功人士；10%有清晰人生规划者，大都生活在社会的中上层；而另外87%人生规划模糊的人，几乎都生活在社会的中下层，能安稳地工作与生活，但都没有什么特别的成绩。调查者得出结论：目标对人生有巨大的导向性作用。成功，在一开始仅仅是一种选择，你选择什么样的人生规划，就会有什么样的人生。[①]

（一）职业生涯规划的含义

职业生涯规划，是指个人根据自身的主观因素和客观条件，确立自己的职业生涯发展目标，选择实现这一目标的职业，制订和安排相应的教育、培训工作计划，并付诸行动，实施职业生涯目标的过程。

（二）职业生涯规划的类型

按照时间维度，职业生涯规划可以分为以下四种类型：

• 短期规划：2年以内的规划，主要是确定近期目标，规划近期应完成的任务。

• 中期规划：一般涉及2~5年内的职业目标和任务，是最常用的一种职业生涯规划。

①崔智涛，孙玫璐. 生涯规划教师用书[M]. 华东师范大学出版社，2007.6.

- 长期规划：5~10年的规划，主要是设定较长远的目标。

- 人生规划：整个职业生涯的规划，时间长达40年左右，设定整个人生的发展目标和阶梯。

从字面上看，个人职业生涯规划从短期到中期，再到长期直至整个人生规划，如同拾级而上的台阶，一步步发展。但在实际操作中，跨时间太长的规划由于环境、个人的变化难以把握，而时间跨度太短的规划又没有多大的意义，所以，一般我们提倡个人职业生涯规划掌握在2~5年比较好。这样既便于根据实际情况设定可行目标，又便于随时根据现实的反馈进行修正和调整。

（三）职业生涯规划的要素

既然职业生涯规划具有明显的个性化特征，那么不同的人在做其自己的职业生涯规划时，所考虑的因素也是不尽相同的。但有一些因素是必须考虑的，如对自我的全面认识、对外部环境的评估、个人目标的抉择以及落实目标的措施安排等，这些因素就是职业生涯规划的要素。

我国人事科学研究者罗双平用一个精辟的公式总结出来职业生涯规划的三大要素：

即职业生涯规划 ＝ 知己＋知彼＋抉择

俗话说"知己知彼，百战不殆"。上述公式中，"知己"就是自我认识与自我了解，"知彼"就是熟悉周围的环境,特别是与生涯发展有关的工作世界。知己知彼相互关联，确定个人的生涯目标要符合现实，而不是一厢情愿；对从事的职业要感兴趣，而不是被动地去干；所从事的工作能发挥专长，利用了个人的强项；对工作的环境能够适应，而不是感到处处困惑,难以生存。这就说明了你的生涯规划不仅做到了"知己""知彼"，而且还做出了正确的"抉择"。

罗双平展示了以上三大要素之间的关系与具体内容，如下图：

知己	知彼
性格	组织环境
兴趣	组织发展战略
特长	人力资源需求
智能	晋升发展机会
情商	政治环境
气质	社会环境
价值观	经济环境

抉择

职业抉择

路线抉择

目标抉择

行动措施

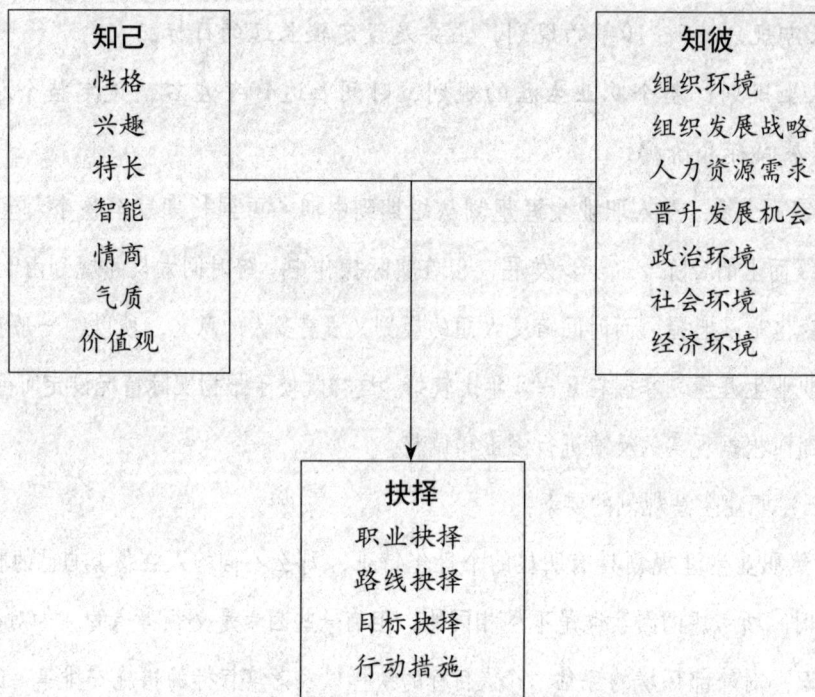

图1.1　教师职业生涯规划要素关系图[①]

　　我们认清了这三个概念：职业、职业生涯和职业生涯规划，我们发现这三个词之间有着千丝万缕的联系。每个人都会为了某种原因（也许是为了谋生，也许是为了喜欢）而从事一门职业，在漫长的岁月中度过了他的职业生涯（可能从一而终，也可能不停跳槽），但若想获得成功，则必须好好对自己的职业生涯进行规划。就像画家要想创作出一幅满意的作品，胸中必有成竹；就像作家如想文思泉涌，脑海中必有作品的蓝图。教师是一种既平凡而又特殊的职业，要想做一名不断成长至成功的教师，也要对自己的职业生涯进行精心规划。

①程振响．教师职业生涯规划与发展设计 [M]．南京师范大学出版社，2009.7.

/ 教师职业生涯规划 /

可以说，职业生涯规划是指一个人与组织相结合，在对一个人职业生涯的主观、客观条件进行测定、分析和总结的基础上，在对自己的兴趣、爱好、能力和特点进行综合分析与权衡之后，综合时代特点和自己的职业倾向，确定其最佳的职业发展目标，并为实现这一目标规划出行之有效的安排。职业生涯规划是一个系统的工程，它和每个人的成功之路密切相关。

20世纪50年代初，欧美的一些学者提出了一个概念——教师职业专门化。这个概念认为教师职业必须被视为专业，而且要求教师努力成长成为专家，不仅是要成为本专业领域理论与实践的专家，还要成为教育教学的专家学者，形成教学专长和职业专长。很多教师在接触这一概念后认为这个要求对于教师来说实在是太高了，这样的"教师"是不是太过于理想化了？但我们静下心来仔细琢磨，作为一名合格的"传道、授业、解惑"的教师，对所教授课程内容理所当然应是游刃有余的，对学生课堂上讲课和课堂下辅导毫无疑问应该是轻车熟路的，对学生个别问题的处理不说信手拈来，也应驾轻就熟。这些应该是对一名教师的最基本要求，但在当前学生家长的心目中，这些却是一名"好"老师的标准。不管是师范院校刚毕业的即将成为教师的大学生，还是学校中的中青年教师，甚至有一些老教师，如果能做到前面那些，都会受到学生和家长的欢迎。

"好老师"是天生的吗？编者认为一定不是的。现在的"好老师"曾经也一定迷茫过、生涩过、无措过，但经过努力、经过学习、经过历练、经过经验积累，他才变得成熟、坚定、从容。这个发展过程不应是无序的或随机的，经过规划的路才会清晰明了并直指目标！

教师职业发展特点 /

前文提到，教师职业是一个既平凡而又特殊的职业，有研究者总结，教师是一种知识转化与智慧增值的职业，是一种心灵浸润与人性教育的职业。教师职业具有其他职业所不具备的独特特点。

（一）教师职业发展的专业化特点

教师是非常复杂的劳动，教师必须具有对不确定性和不可预测的教学情境做出解释与决策的能力，这种能力的形成需要一个逐渐发展和不断积累的过程，也是一个长期的、复杂的、内隐学习与外显学习相结合的过程。理论界对于教师专业化的内容和标准是存在争论的，目前比较公认的教师专业化标准是从专事教育基本原理研究、专业知识与技能、专业道德、专业自主与专业知识等方面来界定的，要求教师具备科学先进的教育理念、丰富系统的理论知识、娴熟的教育教学技能、优良的伦理道德与健康的心理素质。

（二）教师职业发展的动态化特点

教师职业能力发展的动态性指不同历史时期、不同社会背景、不同教改背景要求教师的职业能力适应动态变化的需求，即教师职业发展在一定程度上具有不确定性的特点。教师职业能力发展的动态性并不是指教师职业发展无规律可循不可捉摸，相反，它要求一名教师无论在何时何地，都能拥有个人专业发展的自主性并有能力实行自我专业发展，而且还强调教师能够自觉地在日常专业生活中进行自学。教师应以个人的专业结构完善为本，把教学工作看成是一种专业，教师应追求个人专业结构的不断改进并从中得到满足。

（三）教师职业发展的职业品质个性化特点

教师的职业心理品质在其人格特征中占有重要地位，教师的心理品质是在长期的教育教学实践中逐步形成和发展起来的。具体说来，教师应具备的心理品质有以下几种：强烈的求知欲、浓厚的学习兴趣，敏锐的观察力，理智感，自尊感和创新精神。教师在职业劳动过程中所形成的体现时代精神的教育理念、多层次复合性的知识结构以及教育教学能力都具有个性化的特点。

（四）教师职业发展的连续性与阶段性有机结合的特点

教师专业化是一个发展的概念，既是一种状态，又是一个不断深化的过程。教师专业化是教师职业成熟的标志，从新教师到职业成熟是一个漫长的、动态的、纵贯教师职业生涯的历程，体现出螺旋式上升趋势和发展阶段的连续性与阶段性有机结合的特点，总之是一个持续发展的以专业化为目标和归宿的动态过程。

以上是教师职业发展的四个特点，每一名教师都应深刻体会并倾心理解。职业可以是一种谋生手段，也可以是一种精神追求、一种心灵寄托，作为一名教师，我们如何能在自己专业发展之路上走得更加顺畅，是每一名教师都应思考的问题。

认识教师职业生涯规划 ／

每一名教师都走在教师专业发展之路上，只不过行路之时内心不同。要想走好这条路，首先要思考如何走，这就是教师的职业生涯规划问题。

教师职业生涯规划是指教师根据个体情况和所处的环境，结合自己与学校发展的双重需要，对决定教师职业生涯的因素进行分析，进而确定事业发展目标，调控所在的环境因素，设计相应的行动计划并不断反馈和修正目标，最终达到目标的活动过程。

职业生涯规划概念是在 20 世纪 90 年代传入我国的，最初其主要是用于企业的人力资源管理，使用者多为一些发展成熟的企业，专家学者的研究多针对企业员工的职业生涯规划，对教师职业生涯规划的研究较少。教师职业同企业职员的生涯不尽相同，具有很强的应用性和创造性，一名合格的教师既要能解决现实问题、不断反思和改进自己的教学手段增进自己的教学能力，还要能根据时代的要求不断充实和丰富自己的知识。对教师进行合理有效的职业生涯规划有利于教师专业化的发展，也有利于教师自身素质的提高，更能促进教师积极主动地投入到教学工作中去，提高教学效率。教师职业生涯规划是为教师自己规划出的美好的"心灵蓝图"，最终目标是使个人自我潜能得到最大发挥，促进教师的可持续发展和成长。

教师职业生涯规划的影响因素 ／

可以说每个教师都有着自己的职业生涯规划，只是存在着系统与不系统、自觉与不自觉、成熟与不成熟之分。目标、设想、计划、方案、措施等是人类意识的特征，也是人与其他动物的根本区别。大概没有哪个老师对自己职业的未来发展没有过憧憬，没有哪个老师对自己的长远目标和短期目标没有过打算，没有哪个老师对自己发展的有利条件和不利因素没有过评价，也没有哪个老师没有想过为了实现目标自己该怎样做，这些都是教师对自己进行职业生涯规划的影响因素，教师在教学过程中的所作所为都是在这些因素的影响和支配下进行的。

影响教师职业生涯规划的因素有很多，本书将其分为四类：个人因素、家庭因素、学校因素和社会环境因素。

（一）个人因素

影响教师职业生涯规划的个人因素非常多，而且难以划分，因为因素之间的作用非常复杂，个人的理想、性格特征、兴趣爱好、价值观、教育观、职业观甚至个人所处的生命阶段等都会对教师的职业发展产生巨大的影响。

【扩展阅读】

教师人生

人要会做梦，优秀的教师要永远伴随着自己的梦想。当生活没有梦时，生命的意义也就完结了，教育就没有了意义。……是啊，人生本来就如梦。当我们选择了教师这一职业，就注定了我们的人生是"教师人生"。

"教师人生"要求教师不再把教育仅仅作为一门职业、一个手段、一项工作、一件事情来看待、来处理，而是当作自己人生的一部分来对待、来体验、来充实、来完善。

"教师人生"需要生命的活力，需要生命的激情，需要生命的灵动。"教师人生"需要感动，感动自己，感动学生，感动家长，感动社会，感动中国，感动未来。

当然，"教师人生"还需要责任，需要体验教育的快乐，感受教育多幸福。[①]

（二）家庭因素

家庭对个人在职业选择上的作用也是非常大的。个体在进入职业之前，父母、亲戚对各种职业的看法以及父母对孩子的期望往往会潜移默化地影响孩子对职业的看法，产生某种特定职业的期待。当个人最终选择了教师这个职业，并走上教师岗位后，作为内部支持系统的家庭影响中心就会转移到教师自己的家庭中。

【教育案例】

广宗县二中原校长梁建峰

1994年，在中央电视台春节联欢晚会上，宋祖英饱含深情地演唱了赞颂师道精神的一首歌——《长大后我就成了你》。一时间，传唱大街小巷、大江南北。

而此前几个月，在一个偏远的乡村小学——国家级贫困县广宗县旧店联小，年仅21岁的青年教师梁建峰，以一连串不俗的教育业绩，荣获全国优秀教师称号。

梁建峰成了"长大后我就成了你"的又一现实版。

梁建峰的祖父梁凤娥，当年就是东贺固村的教师；梁建峰的父亲梁勤芳，起始在东贺固村教高中，后来在旧店校区任校长，在工作岗位上因劳致病；1989年，年仅17岁的梁建峰走上讲台，开始续写教育世家的梦想。

从梁建峰的祖父、父亲，到梁建峰和他的妻子，三代为师，四人从教。在梁建峰的老家——广宗县最南端的东贺固村，25岁以上的人，几乎都是梁家的学生。梁建峰的母亲，一个普通的农村妇女，对梁建峰说得最多的一句话是：家里头有我，你放心工作，可别给你爹丢脸！

梁建峰没让大家失望——时间不长，他就在工作岗位上创下一连串让乡邻侧目、让全县震惊的教育业绩。

---

①摘自 http://wenku.baidu.com/view/57ba4d2e7375a417866f8f95.html.

"这是个受人尊重的书香人家。"提起梁家，东贺固村村民张银秋不无感慨。

与此同时，梁建峰还将饱满的师表形象深深烙在了学生心中，将对教育事业深沉的爱传递到学生身上——在学生的眼中，梁建峰是童真灵性的点燃者，是奋斗激情的播种者，是人生希望的放飞者，是真正意义上的人类灵魂工程师——受他影响，他的学生中，已经有 40 余人大学毕业后选择了教师职业。[①]

(三) 学校因素

学校能为教师提供多大发展空间? 学校领导注重教师的可持续性发展吗? 学校为教师的发展能提供多少可供利用的资源? 教师工作的小环境就是学校，所以学校的发展环境对于教师来说是非常重要的。有很多这样的例子，比如说同样水平的教师在不同的学校中教学，经过若干年的发展，他们会有很大的差别。但这里有一个问题，条件再好的学校中也会有发展不好的教师，这就涉及一个教师对学校现有发展资源的利用问题。学校的发展资源主要包括学校运行制度、学校的办学思路、可开发的课程资源和学校教师的总体素质。

(四) 社会环境因素

教师职业生涯规划绝不是教师一个人的事情，要受到多种社会因素的影响和制约，如社会对于这一职业的认识和态度，国家有关的方针政策等。国家政策对教师职业生涯规划起引导作用，教师为了获得聘任就必须按照国家政策来规划、发展自己的职业生涯规划。教育改革也是影响教师职业生涯发展的因素，如我国从 20 世纪 90 年代以来推行的以素质教育为目标的教育改革极大地影响到了教师的职业生涯规划。科学技术的进步对教师职业生涯发展的影响也越来越大，每一项新技术的发明和应用都对教育产生重要的作用，如计算机技术、多媒体技术都逐渐应用于教育领域，这对教师来说既是机遇又是挑战。教师要适应这种变化，就必须加强对教育技术的学习和应用，发展自己的职业生涯规划。

[①] 长大后我就成了你.http://www.xtnews.gov.cn/news/bsyw/201011/t20101124_2550470.html.

教师职业生涯规划的基本原则 /

影响教师职业生涯规划的因素有很多，而且对于任何一位教师来说，影响其职业生涯规划的因素都不是一个，因素和因素之间存在着很多相互作用，要想把这些因素理清是一件非常困难的问题。人毕竟不是机器，不可能一二三四样样都那样精确，而事实上正是这些"混沌"才造就了很多奇迹。就可操作性而言，想理清以上那些影响因素对教师们自身的影响比较困难，但我们万不可灰心，就像在茫茫的旷野中行进需要指南针一样，只要把握好如下原则，就可以掌握前进的方向了。

（一）目标性与系统性原则

由于现代社会结构与教育结构日益复杂化，所以需要教师具备多种职能，教师职业生涯规划首先应遵循目标性和系统性原则。目标明确则有利于教师职业能力的提高，教师还可以借助各种信息了解自身的能力与缺陷，评估当下状态与目标之间的距离，从而确定职业发展的起点，以促进自身的职业发展。教师职业生涯规划是多元化目标有机结合的系统，是一个复杂的目标体系，职业存在状态的不同使得教师对其职业的含义与意义的认识也有不同，也使得教师有不同的职业理想与职业行为选择，最终导致教师具有不同的发展水平。

（二）主体性与主动性原则

教师职业发展的特点要求教师积极参与职业发展活动，作为职业生涯规划的主体主宰自己的职业生涯。教师应积极参加与学校的教学目标相关的职业发展活动，将职业发展活动与学科教学内容联系起来，将自己的职业发展与学生的不同需要结合起来，客观地评价自身的职业发展水平。

（三）动态性和可调性原则

在不同的社会背景与不同的教改背景下，对教师职业能力的要求是动态变化的。提倡教师的终身学习，教师的主体性终身学习，就是将自身作为发展的对象，其发展过程伴随着职业生涯规划的展开，在这个过程中，实时的监控与动态的调节机制是教师职业生涯目标的实现与职业活动的绩效的保证。

（四）多元化和多主体评价原则

对教师职业活动的成果评价是复杂的，也是不确定的。比如说在教学上，要想准确衡量教师对学生学习质量的改进和提高所做出的成果几乎是不可能的。即使是科研成果，数量好统计，质量却很难比较。更重要的是，对教师的职业活动存在着来自教师自身的内部评价与来自社会的外部评价，对二者的匹配程度的解释和理解直接影响到教师以后的职业活动。

（五）职业角色认同原则

教师职业可以说是一种助人职业，教师的职业活动成果最终体现为学生的活动结果，但学生之间是存在个体差异的，并不会每一名学生都能达到教育的理想状态，这就可能会导致教师职业成就感的差异——"得天下英才而教育之"的教师能有多少呢？在成就感与肯定感、挫折感与无效感交替出现的情况下，教师对自己职业角色的积极整合与认同是避免角色混乱、角色冲突与角色超载的前提，这在教师职业生涯规划中也是至关重要的。

/ 教师职业生涯规划的意义 /

2008 年 6 月，有研究者通过网络调查的方式对北京理工大学的教师进行了一次有关高校教师职业生涯以及生存状态的调查，结合在问卷调查基础上的座谈和个别访谈，研究者总结了这次调查结果，结果发现：

- 大多数教师都比较喜欢教师职业，但对目前自身的职业发展状况并不满意。参加调查的教师中有66.1%认为自己的知识、能力、性格等适合做教师，35.3%表示自己的理想就是当一名好老师，但有24.4%的人对自己职业发展状况不满，近一半的教师认为自己的职业发展状况一般。

- 多数教师认识到了职业生涯规划的重要性（74.9%），但认真规划者不多（29.6%），实现职业规划的自主性也有限（55.9%）。

- 金连平（2010）分别在江苏的苏南、苏中、苏北选择部分市、县和8所学校（含教师进修学校和幼儿园）、573名教师进行了问卷调查、座谈和访谈，发现在中小学教师职业生涯规划这个问题上，现实状况堪忧。

教育行政、教师培训部门和学校普遍都不太重视教师职业生涯规划问题，他们中的很多人都认为教师职业生涯规划只是教师个人自己的事情，所以他们的态度是不关心，不介入，而且教师培训部门也没有把帮助教师进行职业生涯规划列入培训内容；大部分中小学教师没有自己的职业生涯规划，也缺乏职业生涯规划的意识和能力，调查中涉及到的 92%－93% 的中小学教师缺乏职业生涯规划的意识，即使有的教师有职业生涯规划，也或是由外力促成强加，或是质量和水平也不高，缺乏科学性和有效性。

【教育调查】

教师的主动专业发展意识不足

为了提高教师培训的实效性，为教育行政部门、教师培训机构制订科学、有效的培训方案提供依据，刘文华在2011年运用自编的访谈提纲对济南市基础教育各学段的20位优秀教师进行了深度访谈，发现部分教师安于现状，缺少主动专业发展意识，发展状态比较被动。当访谈者问及教师专业发展的目标时，教师如是说：

A2：现在就挺好的，最起码我有中级职称了，最起码我的成绩一直在前面，领导认可，一年有两个假期，我觉得我可能代表了不是很上进的一类人。不过现在的确是这样想的。只想安于现状，做适合自己的。

A5：做普普通通的教师。有时很想把自己的经验积累起来，也去承担一个课题，但往往就放弃了。领导不压给我，我不主动，与现在年龄、精力有关系。

A12：我客观评价一下自己，我比较认真，比较负责，领导安排的事我会尽最大努力，我有一种压力感，想尽各种办法做完美，但想让我主动出击，就不行了。我是机会找到我，我能做好。我靠的是努力，一件事做好，接着别人给另一个机会。我主动意识差。

A18：我这个人很平淡。别人让我做，我就做。有荣誉，别人认可就给我……许多人说我是用鞭子抽着才能跳得高的人，否则只在原地打转。来到这儿，成绩比较好，有十大青年报名，各方面条件都够，我也不上报。我校的名师、名班主任，我也够条件，我老公说你报名吧，我说算了吧，不愿报名。当上名师怎样，不当又怎样？看得很淡。领导看见就看见，看不见就算了。但每次评优都有我的。[①]

从以上调查和访谈的结果可以看出，当前多数教师对于自身职业和职业生涯规划都处于一种比较矛盾的状态。对于自身职业生涯规划问题，教师们多数都是一过性的闪念，偶尔会想，但从不认真；即使真的认真想，也仅止于想，很少能认真行动。也许还是没有认识到职业生涯规划给教师职业带来的转变能量吧！

---

①刘文华. 职业生涯规划：教师专业发展的现实瓶颈 [J]. 中国成人教育，2011 (8).

教师职业生涯是教师全部生命历程中最重要的阶段，教师职业生涯发展可以看作是教师在"育人"的同时"育己"的过程。选择了一份职业，就是选择了一种社会角色，最终是选择了一种生活方式。教师职业生涯的发展如何，决定了教师的生命质量和教育质量。

有研究者总结，当前教师职业生涯规划大致分为三种状态：

第一种称为"人在"，是指多数教师在工作几年之后，由于受到多种环境因素（如机遇、待遇等）的影响，会心情浮躁或者是职业倦怠，做一天和尚撞一天钟，工作时人在心不在；

第二种称为"人才"，这种教师对教育职业处于持久性地高度自觉状态，而正是这种自觉才是主宰、凝聚和支撑教师职业大厦的核心力量；

第三种被称为"人灾"，这样的教师大事不能做，小事不愿做，只知怨天尤人，甚至殃及学生和学校。

按人群比例来说，多数人表现出来的是忙——茫——盲，繁——烦——凡。究其根源，可以说都是对人生、对职业生涯缺乏规划所致。对教师进行职业生涯规划，是有着非常重要的意义的。很多研究者总结，教师职业生涯规划是时代对教师提出的新的要求，是教师自身成长发展的需要，也是学校发展的需要，除了这三方面，提倡教师职业生涯还有以下原因。

新的知识观需要教师对自己进行重新定位 ／

随着建构主义的兴起，传统的知识观正在被新的观念所代替，这种知识观的变革会给教学观以及学生观都带来相应的变化。

【教育课堂】

建构主义心理学的知识观

建构主义心理学认为：

•知识并不是对现实的准确表征，只是一种解释、一种假设，不是问题的最终答案，会随着人类的进步而不断地被"革命掉"，并随之出现新的假设。

- 知识并不能精确地概括世界的发展，在具体问题中需要针对具体情境进行再创造。

- 知识不可能以实体的形象存在于具体个体之外，对知识的理解只能由个体学习者基于自己的经验背景而建构起来，这取决于特定情境下的学习历程。

这样说可能过于抽象，让我们来换种说法：知识，再不是一成不变亘古永恒的真理，知识也是随着人类的进步而不断发展的，也会有错，也会变化，就像亚里士多德描述的从空中同时抛下的两个铁球，当伽利略把它们从比萨斜塔上抛下的时候，人们亲眼验证了什么是正确；就像地心说和日心说的争论，虽然教会用火和血来阻挡真相，历史的车轮也必然载着真理滚滚向前。学生们对知识的学习，如果只是死记硬背，那么造就的只能是"高分低能"的考试机器，要想真正实现对知识的掌握和运用，必须理论联系实际具体问题具体分析，真正的知识不是"死"的，而是"活"的，有着蓬勃的生命力的。那么学生究竟是怎样掌握知识的呢？让我们重视学生们头脑中已有的经验背景或知识体系吧！如果知识的学习是参天大树的生长的话，那么学生经验背景就是肥沃的土壤和明媚的阳光，如果知识的学习是修建高楼大厦的话，那么学生的经验背景就是坚实的土地和建构的砖瓦。真正有意义的学习是学生能把新的知识同已有的知识经验背景联系起来，使新知识变成他们自己知识体系中的一部分。

基于以上对知识的理解的变化，教师对学生的教学也不能一成不变。由于学习者在日常生活和先前的学习中，已经形成了丰富的经验，他们会根据自己的经验形成对问题的假设和推理，所以在教学中，教师要把儿童现有的知识经验作为新知识的生长点，引导儿童从原有的知识经验中"生长"出新的知识经验。教学不是知识的传递，而是知识的处理和转换。教师不简单是知识的呈现者，他应该重视学生自己对各种现象的理解，倾听他们现在的看法，洞察他们这些想法的由来，以此为依据，引导学生丰富或调整自己的理解。

由于以上观念的转变，教师在新知识观下应该具有一个新的定位：

教师不仅是法定知识的传递者和课堂管理者，还应是知识的建构者，教育公正的维护者和自觉的行动反思研究者。

作为知识的建构者，教师必须具备对知识的加工和建构能力，具体说来要具备知识的还原能力、知识展开能力、多元举例能力、知识转化能力和知识的整合能力。

作为教育公正的维护者，教师要尊重学生多方面的潜能和文化多样性，在教育过程中要关照各类学生的需要，通过有效的知识教学和思维的训练，使各类学生的潜力都得到应有的发展，并注重培养学生的研究意识和研究方法，在系统传授科学文化知识的同时，为学生提供广阔的智力活动背景，多角度揭示知识的性质，教给学生获取知识、运用知识、发现知识、建构知识的思维方式和具体方法。

作为行动反思者和研究者，教师要具备对个体实践进行反思、体悟与完善的能力。通过反思不断地扩展自己的知识，从而能更好地发挥自身多方面的潜能，不断完善自己的教学技艺，提升自己的教育智慧。多元角色对教师素质有很多新要求。

【教育课堂】

新的知识观要求教师应具备的素质

教师作为学生学习的指导者和促进者应有的主要素质：

•语言表达能力

•掌握丰富、整合的学科知识

•组织和调动学生学习的能力

•课堂教学能力

•组织学科课外活动的能力

•学习评价能力

教师作为课程研制者应有的主要素质：

•较好的课程理论修养

•课程设计能力

•课程评价能力

教师作为教育研究者应有的主要素质：

• 问题研究意识

• 教育理论修养

• 教育科学研究方法

• 探索精神

• 创新思维能力

教师作为信息资源的查询者和设计者应有的主要素质：

• 信息意识

• 信息处理与应用能力

• 信息技术与课程整合的能力

教师作为终身学习者应有的主要素质：

• 终身学习的意识

• 学习能力、职业发展规划能力

教师作为学生的心理保健员应有的主要素质：

• 健康的心理

• 相关的理论知识

• 心理保健方面的专门技能[①]

人不会生而完美,天才也需要百分之九十九的汗水。每一名教师要做到上述这些,都不是一朝一夕的事情, 他们既要对自己的职业角色有明确的意识, 也要对教师的成长规律有所了解, 还要对自己的职业生涯进行整体规划。

顺利推行素质教育需要教师进行职业生涯规划 ╱

推进素质教育是我国教育改革和发展的一个根本性转变, 可以说, 教师是顺利推行素质教育的中坚力量, 只有教师真正理解了什么是素质教育, 并把素质教育的理念深入己心, 才能实现对应试教育的真正改革。在实现这一根本性转变的过程中, 进

①王卫东. 教师专业发展探新——若干理论的阐释与辨析 [M]. 暨南大学出版社, 2007.11.

行教师职业生涯规划具有重要的意义和作用。

一般来说，教师职业生涯规划在教师心目中都有意识或无意识地存在着，教师在教学工作中的所作所为往往反映了他们的职业生涯规划是怎样的。而在应试教育和素质教育两种教育模式下，教师的职业生涯规划显然是不同的。

- **应试教育中教师的工作模式**：应试教育片面追求升学率，老师整天被动地围着教材和教学大纲转，围着学生的考试成绩转，工作中依靠的往往是过去的、现成的知识和经验。如果教师所教授的学生考试成绩好，升学率高，那么该教师就可以在晋级、升职或各方面待遇中处于有利地位，这就是在应试教育中的一条光明宽广的职业生涯大道。

- **素质教育中教师的工作模式**：在素质教育下，学生需要获得全面发展，素质教育不再片面追求学生的文化课考试成绩，还要重视学生的思想道德素质、个性发展、能力培养以及身心健康，这对教师的要求也相应改变。教师在工作中要发挥高度的积极性、主动性和创造性，必须终身学习，努力扩展知识领域，关注本专业领域的前沿。每个老师都应表现出自己的个性，都可以在某些方面有所建树。

从以上描述可以看出，要想顺利推行素质教育，是必须搞好教师的职业生涯规划和生涯管理的。我国素质教育在一些地方不能顺利开展的原因之一就是一些学校的领导和老师不能很好地处理学校利益和社会利益、教师利益和社会利益、当下利益和长远利益等关系，为了追求学校和老师当下的利益，还是坚持原来的应试教育模式，这种情况也导致了一个恶性循环：有一部分家长和老师即使认同素质教育，也并不能真的实行，全面发展的素质教育怎能考过"考试专业"的学生？大学的门槛还是要用分数来衡量啊！

【教育课堂】

熊丙奇：教育问题核心是改革评价体系

著名学者熊丙奇认为，中国的教育改革首先是去行政化，把办学交给学校，让学校有自主权，目前教师的压力大多来自非教学评价的行政压力。其次是高考制度改革，这是整个教育体制的核心……

熊丙奇：好的老师，需要专业的技能，懂得怎样去教书。但教育更应该关注学生的人格成长和身心健康，而我们现在的教育是功利教育，把教育当作一种竞争的工具，因此教育出现严重异化。在严重异化的过程中，教师也失去了对教育的理想追求。

首先，教师对教育失去了爱。教师越来越冷漠，被各种各样的考核和行政评估压迫，没有自己的教学空间和真正能实现自己的舞台，渐渐失去了对教育理想的追求。

第二，教师沦为竞争教育和功利教育的工具。在现在的评价体系下，为了让学生获得更好的分数和名次，从整体来看，教育队伍更多的是关注怎么对学生进行功利的教育。

对应这样的社会现状，教师的自觉性很重要，懂得教育常识的人都知道应该更关注孩子的身心，关注孩子的兴趣，关注孩子的人格发展和终身成长，不应该为了分数摧残孩子的身心。而真正有多少教师能够坚持和坚守，实际上很多教师是非常痛苦的。

改变这样的现状实际是要改革教育的评价体系和管理制度的。制度不改，有教育理想的老师生活得更痛苦，而放弃了教育理想的老师生活则没有那么扭曲。很多老师知道不应该这样对待学生，但是现实中必须要求对他这样。你要求分数，我制造分数，最后被评为优秀教师，享受各种各样的待遇。因此，教育的核心问题是管理制度和评价体系，促进教师理想的回归。教育工作者要有这样的理想存在，并不断推动这样的改革。[①]

从应试教育到素质教育，是教育上的一场根本性的变革，这给广大的教育工作者带来严峻的挑战，对于教师的职业生涯将带来一个重大的转变。因此，端正职业观念，对自己的教育职业生涯重新地进行认真规划和设计是非常必要的。

①熊丙奇.教育问题核心是改革评价体系.http://bj.yzdsb.com.cn/system/2012/02/26/011615743.shtml.

进行教师职业生涯规划有利于促进教师的心理健康 /

教师的心理健康问题日渐引起社会有关方面的关注，教师的身心健康不仅会影响自身生活质量，还会影响到学生的健康成长。在引发教师心理健康问题的多种因素中，教师缺乏科学合理的职业生涯规划是其中的一个重要因素。教师职业生涯规划对教师的心理健康有良好的促进作用。2005 年研究者进行了一次有关中国教师职业压力和心理健康调查，部分结果如下：

【教育调查】

教师的职业压力与心理健康

2005 年 8 月，中国人民大学公共管理学院组织与人力资源研究所和新浪网频道联合发起了"2005 年中国教师职业压力和心理健康调查"，调查对象为近 9000 名教师。该调查结果显示：

教师生存状况堪忧：

超过 80% 的被调查教师反映压力较大；

近 30% 的被调查教师存在严重的工作倦怠，86% 的被调查教师存在一定的工作倦怠；

近 40% 的被调查教师心理健康状况不佳；

20% 的被调查教师生理健康状况不佳；

超过 60% 的被调查教师对工作不满意，部分甚至有跳槽的意向。[①]

（一）良好的职业生涯规划有助于提升教师的价值追求

职业生涯规划是一个过程，这个过程就是探索生涯的路程、理清生命的价值和意义，然后用行动去实现。在这个过程中，教师个体不仅会提高工作满意度，而且还会更加追求事业的成功和自我价值的实现。通过职业生涯规划过程，教师会更加倾心于教育事业，追求更高的目标，这样就有助于教师按轻重缓急安排好日常工作，紧紧抓住工作的重点，增加成功的几率。

27

①肖川. 教师的幸福人生与专业成长 [M]. 新华出版社，2008.8.

（二）合理的职业生涯规划有助于教师保持自信乐观的人生态度

当今的时代是一个充满选择的时代，这其实是一把"双刃剑"。对于有目标的人来说，选择意味着自由，对于得过且过的人来说，选择意味着迷茫。很多人落入了迷茫的旋涡，他们对于人生态度消极，对教学对学生都没有热情，日复一日地抱怨劳心劳力；有目标的人则有一个积极的人生态度，他们快乐洒脱，也给身边的人带来阳光和快乐。目标在哪里？如何达到目标？如何破除疑虑？如何才能拥有积极的人生态度？合理的职业生涯规划可以帮助教师回答这些问题。教师职业生涯规划可以帮助教师了解和悦纳自我，了解自身优点和缺点，养成对工作环境和工作目标进行分析的习惯，又可以使教师合理计划、分配时间和精力完成任务、提高技能，这些都有利于强化教师对环境的把握能力和对困难的控制能力。对环境的驾驭能力带给人们选择的能力，也带给人们自信乐观的人生态度。

（三）良好的职业生涯规划有利于教师克服职业倦怠心理

教师比较好的生存状态和精神面貌就是精力充沛、信心十足、情绪饱满、热力四射，并能真切地感受到工作的价值和意义，觉得有成就感。现在有不少老师感到压力大，常有力不从心、沮丧、焦虑、情感枯竭之感，感到"脑子是满的，时间是满的，心却是空的"，这就是教师职业倦怠。职业倦怠是指个体无法应付外界超出个人能量和资源的过度要求而产生的身心耗竭状态。通过职业生涯规划可以使教师明确职业发展目标，从而有计划、有步骤地提升自己的能力和素质，使自己更加自信乐观地面对在学习、生活中遇到的各种困难和问题。教师生涯是一个意义深长的生涯，我们的生命在学习中成长，在付出中完成，科学合理的职业生涯规划将使教师个人的生涯获得极致发展。

总之，教师职业生涯规划对于教师来说是非常重要的。教师职业发展有独特的特点，所以凭"想当然"或"别人怎么做我就怎么做"来做老师是不能获得成功职业生涯的。而且这不仅只涉及到教师的个人职业成功，还涉及到整个教育环境乃至社会大环境，教育无小事。期望每一名教师都加入职业生涯规划大军，做有规划的职业，过有规划的人生！

专家如何说：教师职业生涯规划的基本理论

人们要真正认识世界，就要透过现象看本质。同样，要真正地认识教师职业生涯规划，要从了解理论开始。很多人一看到"理论"二字就头痛，可能在以往的学习过程中，"理论"往往与"枯燥"、"沉闷"、"抽象"等词汇相联系。但编者认为，"理论"是学者们智慧的结晶，也是真正从本质上认识一件事物的捷径。站在巨人的肩膀上，我们会看得更远。

/ 当代职业发展理论 /

要深入了解教师职业生涯规划，首先要从理论入手，教师职业生涯规划的理论是源于当代职业发展理论的。职业生涯规划研究始于 20 世纪 60 年代，90 年代中期才由欧美传入我国。职业生涯规划理论的实践最初是以职业指导的形式出现的，目前关于职业生涯规划的理论主要有以下几个。

职业-人匹配理论 /

职业－人匹配理论是关于人的个性特征与职业性质一致的理论。其基本思想是，个体差异是普遍存在的，每一个个体都有自己的个性特征，而每一种职业由于其工作性质、环境、条件、方式的不同，对工作者的能力、知识、技能、性格、气质、心

29

理素质等有不同的要求。进行职业决策时，就要根据一个人的个性特征来选择与之相对应的职业种类，即进行职业－人匹配。如果匹配得好，则个人的特征与职业环境协调一致，工作效率和职业成功的可能性就大为提高；反之，则工作效率和职业成功的可能性就很低。进行匹配的前提之一是，必须对人的个体的特性有充分的了解和掌握。

在当前，职业－人匹配理论主要分为两种类型：

- 因素匹配：比如说需要较强专业知识技能的职业与掌握该特殊知识技能的职业者相匹配——飞行员、医生、药剂师等；或劳动量大、强度高、时间长、条件差的职业，需要吃苦耐劳、体格强壮的劳动者与之匹配——环卫工人或建筑工人等。

- 特性匹配：如具有敏感、易动感情、不守常规、个性强、理想主义等人格特性的人，适合从事艺术创作类职业；具有独立创新精神的人适合做科研工作等。

这里的因素匹配就是指特性－因素理论，而特性匹配则属于人格类型论。

(一) 特性－因素理论

该理论是用于职业选择、职业指导的经典性理论，最早是由美国波士顿大学的帕金森教授提出。后由美国职业心理学家威廉斯发展而形成。1909 年，帕金森教授在其著述的《选择一个职业》中阐明，职业选择要有三大要素或条件：

- 应清楚地了解自己的态度、能力、兴趣、智谋、局限和其他特征；

- 应清楚地了解职业选择成功的条件，所需知识，在不同职业工作岗位上所占有的优势、不利和补偿、机会和前途；

- 上述两个条件的平衡。

该理论的内涵是在清楚认识、了解个人的主观条件和社会职业岗位需求条件基础上，将主客观条件与社会职业岗位相对照、相匹配，最后选择一个与个人匹配相当的职业。那么职业指导则由三个要素组成：

- 自我分析：就是评价求职者的生理和心理特点。即通过心理测量及其他测评手段，获得有关求职者的身体状况、能力倾向、兴趣爱好、气质与性格等方面的个人资料，并通过会谈、调查等方法获得有关求职者的家庭背景、学业成绩、工作经历等情况，并对这些资料进行评价。

- 工作分析：就是分析各种职业对人的要求，并向求职者提供有关的职业信息，包括以下四点：①职业的性质、工资待遇、工作条件以及晋升的可能性；②求职的最低条件，诸如学历要求、所需的专业训练、身体要求、年龄、各种能力以及其他心理特点的要求；③为准备就业而设置的教育课程计划，以及提供这种训练的教育机构、学习年限、入学资格和费用等；④就业机会。

- 人－职匹配：指导人员在了解求职者的特性和职业的各项指标的基础上，帮助求职者进行比较分析，以便选择一种适合其个人特点又有可能得到的并能在职业上取得成功的职业。

该理论重视个别差异和职业资料，但理论之后的假设却是一个人在选择职业上只有一个"正确"的目标，但一个人怎么会只有一个职业适合他呢？一种工作怎么会只需要单一一种类型的人呢？个人特质和工作要求都是动态的，而且个人潜能巨大，在一个人的职业生涯中也会经历更换职业改变工作，所以这个理论是有缺陷的。

（二）人格类型论

约翰·霍兰德是美国约翰·霍普金斯大学的心理学教授，美国著名的职业指导专家，是在生涯选择相关领域中最具影响的学者之一。他于20世纪60年代创立了"人格类型论"，该理论一方面源于人格心理学的概念，认为职业选择为个人人格的反映和延伸，另一方面源于霍兰德本人的职业咨询经验，他经过大量的研究而形成了一套系统的职业指导模式。

在人格和职业的关系方面，霍兰德提出了如下假设：

- 在现实的文化中，可以将人的人格分为六种类型：实际型、研究型、艺术型、社会型、企业型与传统型。每一特定类型人格的人，便会对相应职业类型中的工作或学习感兴趣；

- 环境也可区分为上述六种类型；

- 人们寻求能充分施展其能力与价值观的职业环境；

•个人的行为取决于个体的人格和所处的环境特征之间的相互作用。

在上述理论假设的基础上，霍兰德提出了人格类型与职业类型模式，不同类型人格的人需要不同的生活或工作环境。具体来讲，包括以下六种类型：

•实际型

•研究型

•艺术型

•社会型

•企业型

•传统型

对于以上六种类型的详细描述请见第三章。但需要注意的是，上述的人格类型与职业关系也不是简单绝对的一一对应，霍兰德在研究中发现，尽管大多数人的人格类型可以主要地划分为某一类型，但个人也有着广泛的适应能力，其人格类型如在某种程度接近于其他人格类型的话，那么他也能适应其他类型的工作。在职业决策中，最理想的情况是个体能找到与其人格类型重合的职业环境，这样该个体最容易得到乐趣和内在满足，最有可能充分发挥自己的才能。

职业生涯发展阶段理论

人生发展是存在阶段的，莎士比亚曾经这样描述：

"世界是个舞台／男男女女都只不过是演员／他们都有上场的时候／也有退场的时候／每个人都会出演许多部分／表演共分为七个阶段／最初是婴儿／在护士怀里啜泣和呕吐／而后是背着书包的孩童／仰着晨光下晶亮的小脸／像蜗牛一样慢腾腾地拖着脚步／不肯去上学／而后是情人／如炉灶般悲叹／又写下诗歌／歌颂爱人的眉毛／之后成了战士／满口前所未有的誓言……／为荣誉而猜忌／突如其来的争吵……／第六个阶段／变成了走路歪斜的傻老头／鼻子上架着眼镜／腰间挂着钱袋……／到了最后一幕／是孩提时代的再现／以遗忘结束这段奇特的历史……"

同样，职业生涯的发展也是分阶段的。职业生涯发展阶段理论是西方国家职业指导理论之一，其中包括很多理论，如格林·豪斯的五阶段论、埃德加·H·施恩的九阶段论、利维古德的六阶段论等，这里主要介绍舒伯、金斯伯格和萨帕三人的理论。他们共同的中心论点是：职业发展在个人生活中是一个连续的长期的过程，职业选择也不是个人面临择业时的单一事件，而是一个发展过程。人们童年时期就孕育了职业选择的萌芽，随着年龄、资历、教育等因素的变化，择业心理也会发生变化。职业发展如同人的身心发展一样，可以分为几个连续不同的阶段，每个阶段都有一定的特征和任务。如果职业指导有成效，个人就能在每一个阶段达到职业成熟，但如果前一阶段职业发展业务不能很好地完成，就会影响后一阶段的职业成熟，最终导致在职业选择时发生障碍。

（一）舒伯的五阶段论

美国职业管理学家舒伯把人生职业生涯发展划分为：成长、探索、建立、维持和衰退五个阶段，每一个阶段又分别包含几个子阶段。

第一阶段：成长阶段

• **主要任务**：逐渐认识自己是个什么样的人，同时对工作和工作的意义有一个初步的理解。

• **年龄范围**：0—14岁。

• **阶段分期**：

幻想期（4—10岁）："需要"占统治地位，在幻想中扮演自己喜爱的职业角色。

兴趣期（11—12岁）："喜好"为主要参考因素，决定个体的抱负和活动。

能力期（13—15岁）："能力"为主要考虑因素，个体能力逐渐成为活动的推动力。

第二阶段：探索阶段

• **主要任务**：探索各种可能的职业选择，对自己的能力和天资进行现实性评价，并根据未来的职业选择做出相应的教育决策，完成择业及最初就业。

•年龄范围：15—24岁。

•阶段分期：

尝试期（15—17岁）：明确自己的职业偏好。

过渡期（18—21岁）：明确自己的职业倾向。

初步尝试承诺期（22—24岁）：实现一种职业倾向，发展一种现实的自我认知，了解更多的机会。

第三阶段：建立阶段

•主要任务：发现自己喜欢从事工作的机会，学会与他人相处，巩固已有的职位并力争提升，使现有职位得到保障，在一个永久性的职位上稳定下来。

•年龄范围：25—44岁。

•阶段分期：

承诺和稳定期（25—30岁）：个人在自己所选择的职业中处于相对稳定的位置。

提升期（31—44岁）：个人在工作中做出好的成绩，资历也随之加深。

第四阶段：维持阶段

•主要任务：接受自己的缺点，判断需要解决的新问题，开发新技能，致力于最重要的活动，维持并巩固已经获得的地位。

•年龄范围：45—64岁。

第五阶段：衰退阶段

•主要任务：发展非职业性角色，做自己期望做的事，缩减工作时间。

•年龄范围：65岁以后。

•阶段分期：

衰减期（65—70岁）：工作的节奏趋于缓慢，责任转移，适应自身能力的下降，开始以部分时间工作来代替全日制工作。

退休期（70岁以后）：工作活动完全停止或转变为部分时间工作、志愿工作或休闲活动。

（二）金斯伯格的职业发展阶段论

金斯伯格是职业发展理论的先驱，他通过比较人们从儿童期到成年早期的教育和成熟的过程中，各个关键点上有关职业选择的想法和行为，把人择业的心理发展划分为三个阶段：幻想期、尝试期和现实期。

- **幻想期（11岁以前）**：个体会想象将来会成为什么样的人，在游戏时他们会扮演所喜欢的角色。儿童的职业期望由兴趣决定，他们不会、也不可能去考虑能力和社会条件因素。个体的职业理想带有很浓重的情感色彩，具有很强的冲动性和盲目性，十分不稳定。

- **尝试期（11-17岁）**：此阶段是个体职业思想形成的重要阶段，包括三个时期：兴趣期与幻想期相联系，兴趣是其职业选择的主要基础；能力期，个体开始将自己的能力和兴趣进行比较以考察其一致性；价值观期，个体将职业选择与其价值观相匹配，进行尝试性职业选择。

- **现实期（17岁以后）**：个体更注重现实，力求主观因素与客观因素的协调统一。也包括三个时期：探索期，个体尝试把自己的选择与社会的需要联系起来；成型期，个体对职业目标基本确定，并开始为之努力；明确期，个人选择了特定的职业和专业。

（三）萨帕的职业发展五阶段理论

萨帕的职业发展理论是在金斯伯格理论的基础上提出来的，他对于人生生涯的分析是围绕着职业生涯的不同时期进行的，并由此构成了他的整个职业生涯理论。与金斯伯格不同的是，萨帕理论涉及的范围更大，论述更详细，并扩大到整个人生。萨帕认为人一生所经历的职业及非职业活动都应视为职业生涯的内容，职业生涯除了职业角色外，还包括各种生活中的角色。按照萨帕的观点，人的职业生涯可以分为以下五个阶段：

- **成长阶段（出生-14岁）**：自我概念发展成熟起来，初期时个人欲望和空想起支配作用，后期对社会现实产生注意和兴趣，个人的能力与趣味则是次要的，所以说成长阶段分为空想期、兴趣期和能力期三个小阶段。

- **探索阶段（15-24岁）**：探索阶段是人生道路非常重要的转变时期，它可以分为暂定期、过渡期和试行期。

暂定期：从15岁到17岁，开始全面考虑意愿、兴趣、能力、价值观和社会就业机会等，做出暂时性的选择。

过渡期：从18岁到21岁，个人接受专门教育训练和进入劳动市场、开始正式选择的时期，这时个人着重考虑现实，在现实和环境中寻求"自我"的实现。

试行期：从22岁到24岁，这个时期进入似乎自己适合的职业，并想把它当作终生职业。

- **确立阶段（25—44岁）**：就职以后的人发现真正适合于自己的领域，并努力试图使其成为自己的永久职业。这一阶段可以分为试行期和稳定期。

试行期：个体对初就业选定的职业不满意，再选择、变换职业工作，变换次数各人不等，也可能满意初选职业而无变换。

稳定期：最终确定职业，开始致力于稳定工作。

- **维持阶段（45—64岁）**：人们主要是保住现有的职业位置按既定方向工作，极少数人会冒险探索新领域，寻求新的发展。

- **衰退阶段（65岁以后）**：是个体精力、体力逐步衰退的时期，也是人们逐步退出职业劳动领域的生涯下降时期。

施恩的职业锚理论

"职业锚"是由美国著名的职业指导专家埃德加·H·施恩教授提出的。施恩认为，职业生涯发展实际上是一个持续不断的探索过程，在这一过程中，每个人都在根据自己的天资、能力、动机、需要、态度和价值观等慢慢形成较为明晰的与职业有关的自我概念。而所谓职业锚，就是指当一个人不得不做出选择的时候，他无论如何都不会放弃职业中的那种至关重要的东西或价值观，即人们选择和发展自己职业时所围绕的中心。为了帮助人们更好地进行职业定位和选择，施恩通过研究总结处理八种职业锚，具体如下：

- **技术职能型**：追求在技术职能领域的成长和技能的不断提高，以及应用这种技术职能的机会。他们对自己的认可来自他们的专业水平，他们喜欢面对来自专业领域的挑战。他们一般不喜欢从事一般的管理工作，因为这将意味着他们放弃在技术职能领域的成就。

- **管理型**：追求并致力于工作晋升，倾心于全面管理，独自负责一个部分，可以跨部门整合其他人的努力成果，他们想去承担整个部分的责任，并将公司的成功与否看成自己的工作。具体的技术/功能工作仅仅被看作是通向更高、更全面管理层的必经之路。

- **自主/独立型**：希望随心所欲安排自己的工作方式、工作习惯和生活方式。追求能施展个人能力的工作环境，最大限度地摆脱组织的限制和制约。他们宁愿放弃提升或工作扩展机会，也不愿意放弃自由与独立。

- **安全型**：重视长期的职业稳定和工作的保障性。职业的安全和稳定，是这一类职业锚雇员的追求目标、驱动力和价值观。他们的安全取向有两类：追求职业安全和注重情感稳定的安全。他们对组织有一定的依赖性，一般不愿意离开一个特定的组织，他们的成功标准是：一种有效的稳定、安全、整合良好合理的家庭和工作情境。

- **创业型**：希望使用自己能力去创建属于自己的公司或创建完全属于自己的产品(或服务)，而且愿意去冒风险，并克服面临的障碍。他们想向世界证明公司是他们靠自己的努力创建的。他们可能正在别人的公司工作，但同时他们在学习并评估将来的机会。一旦他们感觉时机到了，他们便会自己走出去创建自己的事业。

- **服务型**：服务型的人指那些一直追求他们认可的核心价值，例如：帮助他人，改善人们的安全，通过新的产品消除疾病。他们一直追寻这种机会，这意味着即使变换公司，他们也不会接受不允许他们实现这种价值的工作变换或工作提升。

- **挑战型**：喜欢解决看上去无法解决的问题，战胜强硬的对手，克服无法克服的困难障碍等。对他们而言，参加工作或职业的原因是工作允许他们去战胜各种不可能。新奇、变化和困难是他们的终极目标。如果事情非常容易，它马上变得非常令人厌烦。

•**生活型**：希望将生活的各个主要方面整合为一个整体，喜欢平衡个人、家庭和职业的需要，因此他需要一个能够提供足够弹性的工作环境来实现这一目标。他们甚至可以对职业的某些方面做出牺牲，因为对他们而言，成功的定义绝不仅是事业的成功。相对于具体的工作环境及工作内容，他们更关注自己的生活方式、居住地、怎样处理家庭事务及如何提升自我等。

廖泉文的职业生涯发展"三、三、三"理论 /

我国学者廖泉文在 2004 年提出了职业生涯发展的"三、三、三"理论，她将人的职业生涯发展划分为三个阶段，每一个阶段又划分为三个小的阶段。看起来这个理论应属于职业发展阶段论，但它不同于美国学者提出的那些职业发展阶段论将人的职业发展阶段简单地分为几个硬性的年龄阶段。廖泉文所提出的人生三大阶段有一个弹性边界，弹性产生的原因受教育程度、工作行业、职位高低、身体状况和个人特质、成就欲望等因素所影响，这种划分方法更具个性化、弹性化和开放化。

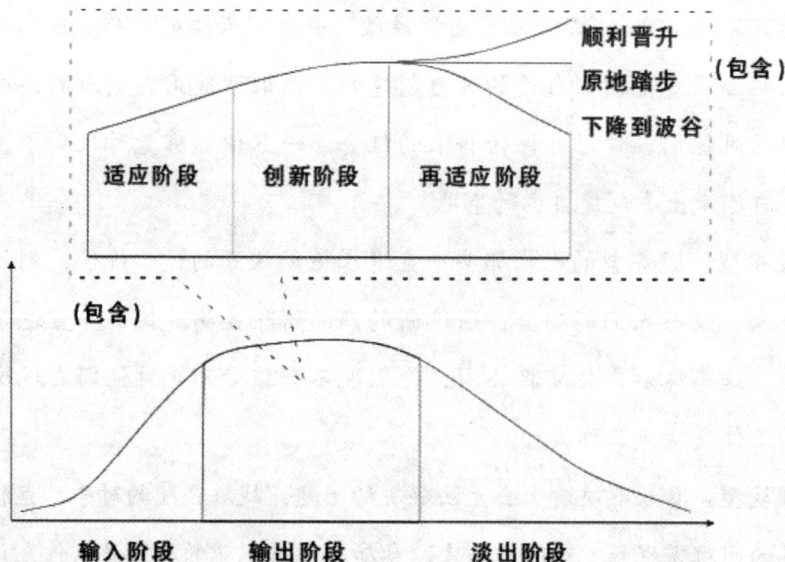

图2.1 职业生涯发展的"三、三、三"理论[①]

---

①廖泉文. 职业生涯发展的三、三、三理论 [J]. 中国人力资源开发，2004 (9).

（一）职业生涯发展的第一个"三阶段"：输入、输出、淡出

从上图中可以看出，"三、三、三"理论突出职业生涯发展经历的大、中、小三个阶段，环环相扣、步步相连。第一个阶段的划分可以看作整个职业生涯的总体划分。这个大阶段可以划分为三个小的阶段：输入阶段、输出阶段和淡出阶段。

- **输入阶段（出生—从业前）**：输入信息、知识、经验、技能，为个体从业做重要的准备，即认识环境和社会，锻造自己的各种能力。

- **输出阶段（就业—退休前）**：输出自己的智慧、知识、服务、才干。此阶段也有知识的再输入、经验的再积累、能力的再锻造。

- **淡出阶段（退休前后）**：此阶段人的精力渐衰，但阅历渐丰，经验渐多，应鼓励他们逐步退出职业，适应角色的转换。该阶段是夕阳无限好阶段，有更加广阔的时空以实现以往的夙愿。

（二）职业生涯发展的第二个"三阶段"：适应、创新、再适应

职业生涯发展的第二个"三阶段"主要是指输出阶段中职业发展的阶段。这一阶段的发展特点与第一个人生三大阶段一样，依然是弹性的、开放的、动态的，有显著的个性化特征和受多维环境因素和个体因素影响的结果。廖泉文认为此阶段是人的一生中最重要的阶段，也是人的职业生涯成功与否的决定性阶段。这一阶段孕育着职业生涯的成功与失败，包含着人生的酸甜苦辣。人生所有的沧海桑田的体会均出于这个阶段，既包含着个体的智慧、勤勉、特质、欲望、健康、毅力、能力等个体要素的影响，也包括着环境、社会关系、毕业学校、朋友等环境与人文背景的影响。这个阶段也包含三个小阶段：

- **适应阶段**：个体要同自己签订三个契约，对领导要服从其领导；对同事要与其协同工作；对自己要使自己表现出色。在这个阶段个体要适应工作的软硬环境，达到个体与环境、个体与同事相互接受，即进入职业。

- **创新阶段**：个体开始独立承担工作任务，并努力做出创造性贡献、向领导提出合理化建议。在此阶段个体受到领导和群众的认可，进入事业辉煌阶段。

- **再适应阶段**：个体或由于工作出色而获得晋升，或由于发展空间小而原

地踏步，或由于自身骄傲或工作差错受到批评，总之在此阶段个体要调整心态，再适应变化了的环境，此时属于职业状态分化的阶段，领导和同事看法不一。

（三）职业生涯发展的第三个"三阶段"：顺利晋升、原地踏步、降到波谷

职业生涯发展的第三个"三阶段"主要是再适应阶段中职业发展的阶段。"再适应"阶段在现实中每一个人都会遇到，职业一次成功的人很少，都要经历"再适应"阶段，这一阶段不是人生最辉煌的阶段，却是人生到达辉煌的必经阶段。这一阶段也分为三个小阶段：

• **顺利晋升**：个体面临着新的工作环境的挑战、新的工作技能的挑战、原同级同事的嫉妒，领导会提出新的要求，表面的风光隐藏着一定的职业风波。在此阶段的个体宜更加谦虚、谨慎，更加努力并执着去追求成功。

• **原地踏步**：此时会有倚老卖老的不求上进的状态出现，挂在口边的话是"我再熟悉不过了"，"这件事我早就了解了"，他们对同事的发展表现出心理不平衡，此时如做职业平移或变更更适合。此阶段的个体宜寻找新的切入点，寻求各种支持，调整个体的心态并大胆尝试新的工作方法。

• **下降到波谷**：由于个体的主观原因或客观原因，遭受到上级的批评，或受降级处分，工作状态进入波谷，此时如能重新振奋精神，有希望进入第二次"三、三、三"发展状态。此阶段个体宜不躁不馁，重新振奋，适当平移和变更职业，再学习并重新构建人力资本，以寻求新的机会重新开始。

从以上描述可以看出，廖泉文所描述的职业生涯是怎样的一幅图景：在人生的早期阶段，人们要为了日后的职业学习和积累经验，经过漫长的输入过程进入职业阶段；在进入职业阶段后，个体首先是要适应环境、适应工作，其次是独当一面去工作、去创新以展示自己；但这一阶段不可能延续到退休，因为在人生最重要的输出阶段，当一个人具有独立工作能力甚至成为中流砥柱的时候，通常会走上三条路：晋升、原

地踏步或下降到波谷。这三个阶段是人生的关键时期，需要智慧和勇气，需要虚心和学习，需要帮助和支持，使个体能更加适应自己的职业状况，在各种不同际遇中去寻找柳暗花明又一村的佳境，在千回百转中去攀登职业的高峰。

当代职业发展理论还有很多，这里由于篇幅所限，仅介绍一些影响广泛、特点鲜明的理论，希望能抛砖引玉，使读者在了解当代职业发展理论的基础上，能更深入了解职业生涯规划以及教师职业生涯规划。

/ 教师职业生涯发展的理论 /

自 20 世纪 40 年代起，心理学、社会学的研究就开始探讨有关职业行为和职业生涯发展的问题。随着教师专业化进程的推进，从 20 世纪 60 年代末开始出现了大量的有关教师职业生涯方面的研究，也提出了很多教师职业发展的理论和模型，这些成果极大地促进了各国教师专业化的发展，对我国当前的教师教育改革也具有重要的启示。目前关于教师专业发展的研究主要集中在两个方面：一为教师专业发展需要经历的过程以及阶段划分、特征的问题；二是对如何更好地促进教师专业发展的方式、方法以及措施的研究。现将一些有代表性的理论介绍如下：

国外教师职业生涯周期理论 /

教师职业生涯周期是指教师生命自然的老化过程与周期。"教师职业生涯周期"研究是教师专业发展阶段理论的重要组成部分之一，这些研究揭示了教师在职前、入职、在职、离职的整个职业生涯发展过程中所呈现的阶段性发展规律和特征，其科学划分对我们认识教师在专业发展过程中的特征和需求，制订个性化的专业发展方案具有重要的现实意义。

（一）伯顿、纽曼等学者的"教师发展阶段论"

20 世纪 70 年代，美国的伯顿、纽曼、皮阿普尔盖特等学者通过对小学教师的深入访谈、调查以及相关资料的收集与分析，对教师进行了有组织的系列研究，提出了"教师发展阶段论"，具体内容如下：

- **求生存阶段：**通常指教师开始教学的第一年。在这一阶段的教师，刚刚踏入教师行业，由于缺乏实际的教学经验，课堂的掌控能力较为一般，处于职业生涯的适应时期。在此阶段教师关注自己的生存问题，压力较大，迫切希望得到上级的肯定、同事的接纳等。处于该阶段的教师往往表现出明显的焦虑和紧张，缺乏自信心，很少尝试新的方法来满足不同学生的学习需求，因此这一期间教师从事教学的志向也可能会发生很大变化，不稳定性较强。

- **调整阶段**：指进入教学第二年至第四年之间。在这一阶段教师逐渐适应了自己的角色，适应了压力和负荷，有了相当的知识储备和教学经验的积累，于是开始注意到学生学习需求的多样性，开始从师生互动角度来考察自己的教学工作，寻求新的教学方法与技巧以满足不同学生的学习需求。这个时期的教师变得较为自信，从教志向强烈、士气高涨，并能注意到自己与学生的关系及自己对学生的影响。

- **成熟阶段**：教师进入教学时间的第五年或第五年以上，教师对教学活动已经驾轻就熟，对自己、对教学任务、教学环境与学生的需求都有了充分的了解，所以教师能够得心应手、熟练、独立地处理教学过程中所发生的种种事情，能够得当地处理好与上级、同事和学生间的关系，更为关键的是，处于该阶段的教师已经逐渐形成了自己的专业角色，确定了自己在专业中的位置。

(二) 费斯勒的"教师职业生涯发展周期模型"

20世纪80年代，费斯勒等人历经八年，在广泛收集资料和深入访谈、追踪160多位中小学教师的基础上，借用社会系统理论提出了动态的"教师职业生涯发展周期模型"。在该模型中费斯勒等研究者将教师职业周期分为八个阶段，同时结合翔实的个案，分析了个人生活环境和学校组织环境对教师的影响，阐明了相应的激励措施和支持体系方面的建议，为我们了解教师专业成长提供了一个非常有用的参考架构。

- **职前期**：是教师某一特定专业角色的准备期。主要是指在大学或师范学院进行师资培训阶段，也包括教师从事新角色和新任务的再训练，或者参加高等教育机构的学习、在职进修。

- **职初期**：是教师任教的最初几年，他们要学习教师角色社会化，要适应学校系统的运作。这一时期，教师工作较为努力，希望能够为学生、同事、上级及其他人员所接纳，力求稳妥地处理日常事务。

- **能力建构期**：是教师完善教学技巧、提高教学效率、寻求新材料，发现和运用新方法、新策略的时期。此阶段的教师一般容易接受新观念、乐于出席研讨会、观摩会，热衷于研究、进修课程等。这时的工作富有挑战性，他们渴望教学技能的全面提高。

- **热心成长期**：教师的能力水平建立以后，会更热心于教育工作，不断地追求自我实现，积极主动，不断充实、丰富教学方法，有较高的工作满意度，能够积极参与学校的各种职业教育活动。

- **职业挫折期**：教师由于受到某些因素的影响，在态度和个性方面转变十分鲜明，显著的特征是教学产生挫折、倦怠和幻灭。随着工作满足感的逐渐下降，教师开始怀疑自己选择教师这份工作的初衷。

- **稳定停滞阶段**：是教师职业生涯发展的平原期。有的教师出现停滞状态，只做分内工作，有些教师则维持原状，此阶段也是教师工作缺乏挑战性的阶段。

- **职业消退期**：是教师准备离开教育职业的低潮时期，有些教师回顾过去觉得满意，有些教师则因缺乏成就而觉得一事无成。

- **离岗期**：指教师离开教学工作后的一段时间，包括教师由于年龄因素正式退休，或由于某些原因暂时离职以及为寻找更满意的职业自愿性离职等等。离岗期的教师所处的环境可能是积极的，也可能是消极的，主要取决于导致教师做出离岗决定时的情境。

(三) 斯德菲的"教师生涯发展模式"

20世纪80年代末，斯德菲在借鉴吸收费斯勒等人前期研究成果的基础上，依据人本心理学派的自我实现理论建立了教师生涯发展模式。该理论将教师发展分为以下五个阶段：

- **预备生涯阶段**：主要包括新任教师和重新任职的教师。新任教师往往需要三年的时间才会进入到下一个阶段，重新任职的教师则可以很快超越此阶段。他们的特征如下：理想主义、有活力、富有创意、容易接纳新观念、积极进取、努力向上等。

- **专家生涯阶段**：该阶段教师具有较高水平的教学能力与技巧，同时拥有丰富的专业知识及多方面的信息来源。他们懂得如何有效地管理班级和分配时间，对学生抱有高度的期望，他们能在自己的工作中激发潜能，达到自我实现的目的。

- **退缩生涯阶段**：这个阶段包括三个小的阶段：初期退缩的教师很少尝试教学方法的改革，也不及时更新教学内容，他们的学生也表现平平；持续退缩的教师会表现出倦怠感和埋怨心理，"逆反"心理较强，或者独来独往，或者行为极端，或者喋喋不休；深度退缩的教师在教学上表现出无能为力，有时甚至还伤害到学生，但是这些教师并不认为自己有这些缺点，而且还有较强烈的自我保护、防范心理。

- **更新生涯阶段**：在这一阶段的教师一开始出现厌烦征兆时，就采取积极的应对措施，所以这一阶段可以看到预备生涯阶段朝气蓬勃的状态。他们致力于追求专业成长，吸收新的教学知识。

- **退出生涯阶段**：教师到了退休年龄或由于其他原因而离开教育岗位，这些教师或安度晚年，或追求其他的职业生涯。

(四) 休伯曼的"教师职业周期主题模式"

20 世纪 90 年代初，休伯曼等人通过对瑞士教师的调查研究，将心理学和社会心理学的研究方法相结合，提出了著名的"教师职业周期主题模式"。该理论将教师职业发展分为七个时期，探索了每一个时期的发展主题，切合实际地描绘了教师的发展路线。

- **入职期（进入生涯1-3年）**：也被称为"求生和发现期"。教师会由于课堂环境的不稳定性和教师对新环境的陌生而失误连连，这些失误会导致新任教师对自己能否胜任教学感到怀疑，但由于教师有了属于自己的班级和学生，又表现出积极、热情的一面。

- **稳定期（进入生涯4-6年）**：这一时期教师对教师职业较为投入，由关注自己转向关注教学活动，不断改进教学基本技能，情绪较为稳定，逐渐形成了自己的教学风格。

- **实验和歧变期（进入生涯7~25年）**：随着教育知识的积累和巩固，教师们开始试图增强对课堂的影响，在教学材料、评价方法等方面大胆进行教改实验，不断对职业和自我进行挑战。这个阶段是一个富于创造、改进、求变的时期。

- **重新估价期**：在上一个阶段，有些教师在进行教学改革后可能会失败，由此引发职业危机，代之以对职业重新估价和自我怀疑。即使不是由于改革失败，教师也可能在经历了年复一年的单调、乏味的课堂生活后，变得全无新鲜感，丧失斗志。

- **平静和关系疏远期（进入生涯26~33年）**：主要是四五十岁教师的心理状态。许多经验丰富的老教师在经历了怀疑和危机之后开始平静下来，能够较为轻松地完成课堂教学，也变得更有自信。但由于"边际效应"的存在，随着职业预期目标的逐渐实现，教师的志向水平开始下降，满足感越来越低，教师对专业的投入会减少，失去了专业发展的热情。教师对学生的关系由亲热变得疏远，但对学生的行为和作业却越发严格。

- **保守和抱怨期**：这一时期的教师大约在五六十岁，他们经历了平静期后变得较为保守，在教学上很少再尝试新的内容和方法，或抱怨学生纪律性差，或抱怨年轻教师不够认真投入，或抱怨公众对教育的消极态度。

- **退休期（进入生涯34~40年前后）**：即退出教师行业。

国内教师职业生涯发展模式 /

(一) 王诞生的职业生涯发展模式

我国台湾学者王诞生根据休伯曼的生命周期理论来分析教师的工作生涯，他将教师的工作生涯划分为以下几个阶段：

- **生涯起点（1~3年）**：因为工作的复杂性和压力，往往怀疑自己是否适合从事教师职业，投入教育的热情日渐消减。

- **稳定阶段（4~6年）**：教师的教学技能逐步形成，教学压力得到一定程度的释放，教师对教学较为投入，表现出自信、愉悦和幽默，工作进入到一种相对稳定的状态。
- **行动主义阶段或自疑阶段（7~18年）**：一些教师在此阶段开始尝试各种不同的教学策略，提高教学质量；一些教师因为工作的稳定而开始怀疑是否有必要投入教师职业一生的心力，因而会选择离开教师工作。
- **平静阶段或保守主义阶段（19~30年）**：由于人到中年，教师的体能及热情均处于衰退中，大部分教师能够比较平静地面对这一过程，还有一些教师因为已经具备丰富的教学经验，常对教育改革持保守态度。
- **脱离阶段（31~40年）**：教师临近退休，一些教师会坚守教学岗位，以平静的方式等待退休；一些教师则采用消极方式，选择提早离开教学岗位。

（二）白益民的"自我更新取向模式"

我国学者白益民在综合国内外教师发展理论的基础上，提出了"自我更新"取向教师专业发展的概念。"自我更新"取向的教师专业发展，是指教师具有较强的自我专业发展意识和动力，自觉承担专业发展的主要责任，激励自我更新，通过自我反思、自我专业发展方向的拟定、调控等实现自我专业发展和自我更新的目的。这种模式强调教师成为自我专业发展的真正主人，教师将自觉发掘生活中的有利因素，使自己的专业结构不断更新。

白益民的"自我更新取向模式"将教师发展过程分为以下五个阶段：

- **"非关注"阶段（进入正式教师教育之前）**："专业发展"的主体是有从教意向者，他们只有从教的可能，还谈不上发展的问题，所以这一阶段称为"非关注"阶段。虽然在这一时期谈不上专业能力的发展，但个体的语言表达能力、交往能力和组织管理能力方面都获得了发展，为日后正式执教打下了基础。
- **"虚拟关注"阶段（师范院校学习阶段）**：个体在师范院校学习，虽然身份是学生，但师范生自己以及周围一切环境和活动安排都把他们当成

"准教师"，使得他们的所谓"教师生活"带有一定的虚拟性。经过师范院校学习的实习期后，师范生有了自我专业发展意识的萌芽，但仍带有虚拟性，只不过是对虚拟教学环境中个人专业结构欠缺反思。

- **"生存关注"阶段（刚入职阶段）**：为教师专业发展的关键期，也是所学理论与实践的"磨合期"，个体面临由师范生向正式教师角色的转换，现实的冲击影响着初任教师这一阶段专业发展诸方面的表现。

- **"任务关注"阶段（入职后决定留任）**：随着教学基本知识技能的掌握，个体的自信心日渐增强，由关注生存转到关注教学。相比上一阶段，教师更关心自己的专业发展，但这一转向在很大程度上受到他人评价等外在因素的影响。

- **"自我更新关注"阶段**：个体的专业发展动力转移到了专业发展自身，而不再受到外部评价或职业升迁的牵制。教师能有意识地自我规划，以谋求最大限度地自我发展，这也成为教师日常生活的一部分以及一种专业的生活方式。同时个体的专业知识和能力也日益完善，他们有更多的时间和机会对自己的专业发展进行反思，因此这一阶段教师会更加自信和从容，更乐于将自己的经验与他人分享。

/ 教师职业生涯发展的主要规律 /

对教师职业生涯发展理论思考 /

通过对上节有关教师职业生涯发展理论的梳理，我们可以发现：尽管每一个理论都不很完善，不能放之四海而皆准，理论和理论之间也求同存异，但这些理论整体上从一个侧面反映出了教师发展阶段论逐步完善的过程。具体体现在以下四个方面：

- 在理论内容上，研究者都努力在前人研究的基础上不断改进、不断完善、不断超越，从而更加真实地完整再现教师的职业生涯发展过程。

- 在研究方法上，上述研究从最初的个案法和访谈法，发展到引入数据处理与分析，研究者的研究方法变得越来越科学，也越来越有说服力。

- 在研究视角上，最初是现象学的描述，后来不断引入社会学、人本心理学等其他学科，把作为社会一分子的教师与作为个体的教师生动地展现出来，也揭示了可能对教师专业发展产生影响的个人因素和社会因素。

- 在理论表述上，也从最初的静态描述发展到了后来的动态展开。

可以说这些教师职业生涯发展理论生动地揭示了教师在整个职业生涯发展过程中所呈现的阶段性发展规律和特征，对教师的专业化成长具有重要启示。

第一，教师职业生涯发展理论揭示了教师的整个职业生涯发展是一个不断变化和发展的生命周期，也是一个不断学习、不断接受教育的连续过程。因此，我们在教师专业化发展过程中应始终融入"终身教育"的理念，以"终身教育"理念指导教师对教师专业发展的全程规划。具体说来，应将教师的职前培养、入职教育和在职培训有机结合，根据教师不同的发展阶段的需求提供各类进修课程，使教师教育贯穿职业生涯的全过程，真正实现教师教育一体化。我国为教师专业发展提供了良好的条件，数据如下：

截至2002年3月，我国已有普通高等师范本科院校109所，师范专科院校101所，中等师范学校570所，教育学院138所，教师进修学科院校1866所，同时师范院校和综合大学联合培养师资的格局已经形成。而且目前全国已经有了两个国家级高等学校教师培训中心，6个大区培训中心和31个省级教师培训中心。另外还专门设立了138所教育学院和1866所教师进修学校，形成了省、地、乡、校分级培训网络。

第二，对于教师个人而言，职业生涯发展理论可以帮助教师更好地了解自己的优缺点、价值观、职业目标和职业生涯发展的影响因素，从而做出更科学、更合适的职业生涯规划，以积极的态度回应自身在职业生涯周期不同阶段的变化和需求，实现不同发展阶段的目标，因为优秀教师的优秀品质是逐步发展和积累起来的。

各种特殊能力	大学前（%）	大学期间（%）	就职后（%）
对教学内容的处理能力	18.95	12.63	68.42
运用教学方法和手段的能力	21.65	12.37	65.98
教学组织和管理能力	19.59	11.34	69.08
语言表达能力	34.64	20.41	44.90
教学科研能力	18.18	11.11	70.71
教育机智	19.19	11.11	69.70
与学生交往能力	21.43	10.21	68.37

表2.1中学优秀教师各种特殊能力形成时间的分布[①]

第三，对于学校管理者、教师培训机构而言，应根据教师职业生涯发展过程中不同阶段的需求和变化，给予适当、适时的协助。依据教师不同的职业生涯发展设计不同的职位、职务及工作，为教师提供"教师职业规划手册"，协助教师制订个性化的职业生涯规划，在开发教师职业生涯的基础上实施科学的教师生涯管理，激发教师的工作热情，提高教师的职业满意度。

---

①刘素梅. 教师的职业生涯与规划 [M]. 东北师范大学出版社，2010.8.

教师职业发展阶段的规律 ∕

在前面提到了很多教师职业生涯阶段的划分理论，它们力争描绘出教师职业生涯发展的真实全貌，但教师个体差异无疑会影响这一理想的实现，可以说阶段划分得越细致，对教师职业生涯发展的描绘受个体差异的影响就会越大，理论众多也不太容易把握。结合研究者的有关资料编者试图总结一下以上理论，力争能总结出教师职业发展阶段的大致规律，以为广大教师群体指引方向。

（一）教师职业的适应期

在入职后的前 1—3 年，教师普遍会经历一个适应期，在此阶段他们常被称为"新手教师"、"生手教师"、"无经验教师"。这些教师年轻、精力充沛、朝气蓬勃、充满活力；他们时间充沛，和学生易于打成一片，而且刚从学校走出来，满怀憧憬，跃跃欲试；他们思维敏捷、头脑灵活，而且易于接受新思想，具有非常大的可塑性。但由于经验不足，他们对教育教学的认识和理解都处在体验和模仿的阶段，学校中所学习到的东西不能直接在现实中用到，而教学实际经验他们还远远没有获得，所以他们的专业知识技能发展亟待提高。他们在教学中可能会循规蹈矩，只关注马上要上的课而不关注长远，只关注书本而不关注学生，他们的教育智慧化程度只处于观察和模仿有经验的老教师或优秀的年轻教师阶段。一位教师描述了自己刚工作不久的一节课，我们可窥新手教师一斑：

【教育案例】

我的教学"网事"（节选）

最让我难忘的是刚参加工作不久，在学校的青年教师授课大赛上，我讲了《北京》这一课。我对自己信心十足，因为这篇课文将北京的城市面貌和现代化建筑介绍得优美而又生动，我想孩子们一定会感兴趣的。可恰恰相反的是，课堂上无论我怎么启发，学生们就是不举手，逼急了，一位学生站起来问我："老师,什么叫立交桥,有啥用啊？王府井是啥玩意呀？"听课的教师一阵哄笑,孩子们纷纷喊道："老师，我也是这个问题不懂！"

七年后，我在授课大赛上又讲了《北京》这一课。这次，我在网上找了有关首都北京的资料：古老的故宫、繁华的西单商业街、车辆川流不息的立交桥……一幅幅生动的画面，再配上播音员的解说，别提孩子们劲多足了，一个个把小手举得老高，争着说自己的新发现，都说要努力学习，长大到北京去亲眼看看。[1]

（二）教师职业成长期

大多数教师在经历了短暂的职业适应期后就会进入职业成长期，他们已经完成了由其他角色向教师角色转换，一般身体健康、精力充沛、爱好广泛、勤奋刻苦、坚韧不拔，工作能力和业务均能很快提高。该阶段的教师已经完全适应了教育教学工作，班级管理与教学质量也有了明显的提高。在日复一日的教学过程中，他们对教育教学的认识和理解进一步加深，一般能清楚地找到自己的努力方向，并能积极地锤炼和提高自己，教育智慧化程度有了全面的提升。

（三）教师职业成熟期

成熟期是一个教师完全适应教育教学工作的时期，也是完全掌握了教学主动权、各方面都成熟后成为学校教学骨干的阶段。"成熟是沟通成长与成功的桥梁"，这一时期可以说是教师职业发展的黄金时期。他们已经熟练掌握了教育教学所需要的各项技能，对教育教学工作有自己独特的认识和理解，他们的专业态度较为积极稳定，教师专业发展意识也向积极方向发展，积极吸收外界一切好的研究结果为自己的发展服务。从教育智慧发展层面上看，他们处在教育智慧的不断迸发和生成的阶段，由于多年的教学经验，他们会对教育教学有了自己独特的理解和认识，并拥有了自己独特、稳定的教学风格，有一些教师还具备很强的教育教学科研能力，并取得了部分或相当数量的科研结果。但也不都是那样理想，可以说在这个时期教师还会有不同的发展情况，比如说会有一些教师会原地踏步停滞不前，有一些教师会由于压力负担而消极等待，还有一些教师会快速发展取得超越。我们当然衷心期望广大教师都能获得超越。

---

[1]于红澎.我的教学"网"事 [J].人民教育，2005：13—14.

（四）教师职业高原期

一位教师曾这样说：

"刚开始工作的时候，我感到教学很有意思，每天花大量时间备课，想方设法培养学生的兴趣。可是我们这个学科运气不好，20世纪90年代中期还被停止过高考，对高中地理教师来说，那无疑是最沉重的打击。现在恢复地理高考了，可是要学生选课也是很不容易的。但是现在上课和考试好像不完全是一回事，公开课一个要求，考试又是另一回事，平时还是为考而教的多，没劲，教师和学生都成了应付考试的机器。学生选地理也不是都对地理有兴趣，也不知道他们整天都在想什么。继续考教育硕士的一个重要原因是可以有脱产一年的学习时间，我希望给自己一些时间考虑今后的发展方向。"[①]

可以说这位教师处于一个特殊的时期——教师职业发展的高原期。在心理学中"高原现象"是指人类在学习过程中的一种规律性的现象，即在学习的一定阶段往往会出现进步的暂时停顿甚至下降的现象。在发展曲线上表现为保持一定的水平而不上升，甚至有所下降，但在"高原现象"之后又可以看到曲线的继续上升。对于教师来说，高原期不是一个绝对的或固定的年龄阶段，它具有出现早晚的差异、自我归因内容的差异、解决问题方法的差异和持续时间长短的差异。处于高原期的教师体能有所下降，成就动机减弱，思维定势限制了自己教学专长的发展。但我们不应很消极地看待高原期，甚至应该很乐观，或对未来很有预期。黎明前是最黑暗的时期，柳暗花明之后才见又一村的风景，事物由量变达到质变是需要一个突破的，如果能坚持发展不放弃，处于高原期的教师们是可以期许一个更美好的超越的。

（五）教师职业超越期

跨越了成长期、成熟期，攀越了"高原平台"，一个教师理想的终极目标是在不断学习、不断拼搏、不断研究中能进入自我超越阶段，也就是教师职业生涯中的超越期。这个阶段的教师，一般具有稳定而持久的职业动力，具有显著的创新精神和能力，具有个性化的教学风格与模式，具有先进独创的教学思想和理论，具有丰富而突出的教学科研成果，他们在校内外有一定的影响力和知名度，特别是能有效地实施个性化

①程振响. 教师职业生涯规划与发展设计 [M]. 南京大学出版社，2009.7.

教学，并能富有创造性地激励不同背景和不同能力的学生学习，且能得到师生深深的敬爱。可以说处于超越期的教师其知识水平、业务技能、积累经验、教学实绩、专业发展水平、社会影响力等都达到了较高的程度。让我们来欣赏一下《百家讲坛》纪连海的经历：

　　他是农民的儿子，他是一名普通的中学历史老师，他手抄无数历史典籍，胸有千秋人物，他就是在全国人面前侃侃点评中国千百年历史中人物是非的纪连海，中央电视台百家讲坛的收视率第一的创造者及保持者，但谁都难以想到，纪连海这个以讲历史出名的人，当年却险些因为眼睛问题不能进入大学。

　　高中时，纪连海的眼睛已近视到 1000 度了，高考填报志愿时，他只报考了北京师范学院历史系。由于分数超过了重点大学的录取分数线，他以为被录取是十拿九稳的事情了。可他万没有想到，因为视力的原因，师范学院没有录取他。经一番波折后，终于纪连海怀着又爱又恨的心情走进了北京师范学院历史系，而此时，距离大学开学已经整整 7 个星期！

　　1986 年纪连海大学毕业后，来到昌平四中做了历史老师。昌平四中当时还是一所"薄弱学校"，历史课在很多人眼里也是"副科"，课堂上，看着很多学生上课就睡觉，纪连海心里难受，他买了相声名家刘宝瑞 30 集单口相声《官场斗》回来研究，于是，他讲课都有点评书的意思。

　　除了相声或者评书形式，他会在课堂上用电脑做课件演示，用 QQ、MSN 给学生答疑。学生开始喜爱他的历史课，他特有的评书风格讲历史的招牌也竖起来了。

　　2001 年，纪连海从昌平调到北京师大二附中教学，当年就带了一届全年级 9 个班的历史课，人生转折在此时悄悄埋伏下来。原来他的学生中有一位就是学者阎崇年的儿子，而此时阎崇年正为《百家讲坛》录节目。当时百家讲坛的制片人找人录了红楼六家谈，6 个人讲，只有两个人的收视率奇高无比。制片人研究后发现两人有着都做过中学老师的背景。节目组决定再从中学找一个老师试试，就发动手下的 10 多个编导找了 100 多位老师。阎崇年的儿子想起了自己的中学老师纪连海，于是，这位普通教师有了与 100 多位史学爱好者

PK 的机会。

第一次去《百家讲坛》试录，虽然只要求讲 45 分钟，纪连海却因为感觉太好收不住，足足讲了 80 分钟的林则徐。简单的磨合后，他开讲和珅了，录了四讲，其中第二讲、第四讲，分别创下 0.69 和 0.51 的收视率，当年《百家讲坛》收视率的前 3 名，纪连海稳占了两名。从 2005 年至今，这个收视率纪录还没人破过。①

教师职业生涯规划的实施策略 ／

(一) 坚信职业生涯规划永不嫌晚

我国教师职业生涯规划是近年来才提出的重要命题，可以说很多教师在看到相关书籍的时候都已经错过了职业生涯规划的最佳期，很多教师都认为职业生涯规划是年轻教师的事，"规划嘛，不得从头规划？和我有什么关系？"其实这个问题不能这样看，职业生涯规划永不嫌晚。职业生涯规划不光事关职业的发展和成就，还关系到人生的幸福和教师的生存状态，可以说，早规划可以早得益，迟规划也可以改变自身状态。人生处处都充满着改变，年龄或其他任何一切都不能成为停滞不前的理由。

(二) 准确把握自己所处的专业发展阶段及特点

要规划自己首先要了解自己：要了解自己的起点与现状，了解自己的优势与特点，了解自己的缺点与不足。尤其要准确地把握自己所处的专业发展阶段及特点，以上内容可以帮助广大教师，后文也会提及如何了解自己认识自己，这里不做赘述。

(三) 尽量与所在地区、学校的规划、要求相一致

现实中有些教师在制订自己的生涯规划时，从不关心所在地区、学校的客观条件，也不关心所在地区、学校对他的期望。这样他的职业生涯规划制订出来之后，或无法实现与执行，或在执行期间十分痛苦，而一个理想的职业生涯规划给教师带来的应该是更加充实、快乐、有效的职业生活。所以，教师在进行职业生涯规划之前一定要充分了解信息——包括当地教育行政部门和学校的发展规划，当地教育行政部门和

---

① http://book.ifeng.com/shuhua/detail_2008_11/22/338369_1.shtml.

学校对教师的有关要求，包括职务评聘、学科带头人评选、特级教师评选等方面的标准。

（四）可以适当参考专家和别人的意见

不少教师在制订职业生涯规划的时候会有一种过度依赖专家和他人的倾向，但实际上，职业生涯规划是当事人自己的事情，因此一切都应由当事人自己做主。尽管在整个过程中可以征求专家和别人的意见，但是要"以我为主"，可以遵循的模式为"以我为主"＋"多方参考"。

（五）可以把规划当成研究

苏霍姆林斯基说过："如果你想让教师的劳动能够给教师带来乐趣，使天天上课不至于变成一种单调无味的义务，那你就应当引导每一位教师走上从事研究这条幸福的道路上来。"科学而有效的职业生涯规划需要教师对自身的优势、特点、环境、条件有充分的认识和把握，这个过程实际上就是一个研究的过程。以科学研究的方法和态度进行教师职业生涯规划，这样才能在制订和执行规划中更加清晰地认识自己，更加科学地规划自己，更加有效地提升自己。

教师职业生涯规划的起点：认识你自己

你知道斯芬克斯之谜吗？

传说，众神居住的地方叫作奥林匹斯山，众神的主神叫作宙斯，奥林匹斯山上有一块石碑，碑上刻着一句箴言，宙斯想把这句箴言告诉给人类，于是他派了狮身人面女妖斯芬克斯来到人间。斯芬克斯把这句箴言化作了一道谜语给人类猜。斯芬克斯来到了古希腊著名的城堡拜森克，守候在这座城堡唯一的井口旁，要求每一位前来打水的人猜这句谜语，凡是没有猜中的，斯芬克斯马上就把他吃掉。这句谜语给当时的拜森克城民带来了前所未有的灾难。

这条谜语是："什么东西早上四条腿走路，中午用两条腿走路，傍晚三条腿走路？"

谜底是："人"。

这个谜语很难吗？其实不难，如果你能站在一生的角度来认识你自己，谜底很轻易就被你猜到了。但是，认识自己仿佛是一项很艰巨的工程。不信？那么看下一个小故事：

有个人养了一头驴和一只哈巴狗。驴子关在栏子里，虽然不愁温饱，却每天都要到磨坊里拉磨，到树林里去拉木材，工作挺繁重；而哈巴狗会演许多小把戏，很得主人欢心，每次都能得到好吃的当奖励。驴子在工作之余，难免有怨言，总抱怨命运对自己不公平。这一天机会终于来了，驴子扭断缰绳，跑进主人的房间，学哈巴狗那样围着主人跳舞，又蹬又踢，撞翻了桌子，碗碟摔得粉碎。这样驴子还觉得不够，它居然趴到主人身上去舔他的脸，把主人吓坏了，直喊救命。大家听到喊叫急忙赶到，驴子正等着奖赏，没想到反挨了一顿痛打，被重新关进栏子。

无论驴子多么忸怩作态，都不及小狗可爱，甚至还不如从前的自己，毕竟这不是它所能干的行当。认识自己，不仅要认识自己的外表，还要认识自己的内在品质，如能力、个性、品格、兴趣等。对于教师来说，还要认识自己的职业标准，以快速准确达到人职匹配。这是一个人要使自己能有所成长的前提。

/ 自我评估及心理分析 /

"不识庐山真面目，只缘身在此山中。"对于大多数人来说，认识和了解他人可以做到，认识和了解自己却非常困难。要不怎么说人最大的困难是战胜自己呢，人最难看清的是自己。但是要想做好职业生涯规划，人们首先面临的任务就是认识和了解自己，只有真正认识和了解自己，才能量身定做一份最适合自己的发展规划。好在现代心理学飞速发展，已经为人们提供了很多手段和方法作为人们了解自己、分析自己的工具，在这些工具的帮助下，人们就能对自己加深了解和认识，为自己的职业生涯选择一个起点与大致方向。对于广大教师来说，职业选择已经完成，相比在广大职业海洋中摸索的人来说，他们已不需要上下求索了，但是进一步认识和了解自己有助于帮他们判断教师职业是否适合自己，以及自己究竟适合往教师行业中的哪个方向发展。我们需要从以下几个方面来进行自我评估和心理分析。

我喜欢做什么——兴趣 /

（一）认识兴趣

诺贝尔物理学奖得主丁肇中曾经说："兴趣比天才重要。我完全靠工作来激发充沛的精力，工作就是我的兴趣，兴趣使我不会疲倦。"在心理学上，兴趣指对事物喜好或关切的情绪。是人们力求认识某种事物和从事某项活动的意识倾向。它表现为人们对某件事物、某项活动的选择性态度和积极的情绪反映。个体如对某职业感兴趣，就会对该职业活动表现出肯定的态度，并积极地思考、探索和追求。兴趣的产生和发展有三个层次：有趣——乐趣——志趣。

【教育课堂】

兴趣的层次

- 有趣：兴趣发展的第一阶段，也是兴趣发展的低级阶段，它往往短暂易逝，非常不稳定。处于这一阶段的兴趣常常与个体对某一事物的新奇感相联系，随着这种新奇感的消失，兴趣也自然逝去。

- 乐趣：兴趣发展的第二阶段，它是在有趣定向发展的基础上形成的，是兴趣发展的中级阶段。在这一阶段中，个体的兴趣变得专一、深入，如喜爱网络文学的个体就很有可能沉溺于网络文学作品中。

- 志趣：兴趣发展的第三阶段，当乐趣同社会责任感、理想、奋斗目标结合起来时，乐趣就变成了志趣。志趣具有社会性、自觉性和方向性，是取得成就的根本动力，也是成功的重要保证。[①]

有调查表明，兴趣与成功几率有着明显的正相关性。从事一项自己喜欢的工作，工作本身就会带来满足感，职业生涯也会由此变得妙趣横生；从事一项自己不喜欢的工作，工作就会变得枯燥乏味，职业生涯就变得度日如年。这两种情况在表面上看没什么，但对于身处其中的人的内心感觉来说，差之天地。

【教育案例】

兴趣引领成功

有一个被公认为聪明绝顶而且前程无量的年轻人，他在大学里学习应用数学专业，因为学习成绩优秀而被保送直升计算机专业的研究生，从事程序开发工作。他在大学的时候有一次有位数学教授出了十道题目作为一周的作业，全

59

---

①钱杭园，李文丽. 学会学习与职业规划 [M]. 科学出版社，2010.9.

班只有他全部解答出来，其余同学最多也只解出三道题。当有人同他聊起这件事并谈到所有同学和老师都十分佩服他的时候，他却说，其实他佩服的是班上的其他同学。别人大惑不解，于是他解释说，他自己从小就喜欢数学，越是遇到难题，就越有兴趣，仿佛有的人遇到喜欢的游戏或爱看的小说一样，解决难题的过程对他来说是巨大的享受。而他最佩服的是周围那些其实一点也不喜欢数学专业，但又依然硬着头皮每天上课、完成作业并在坚持四年后拿到学位的同学……

个中甘苦，如人饮水，冷暖自知。

(二) 霍兰德兴趣类型理论及霍兰德职业兴趣测验

约翰·霍兰德 (John Holland) 是美国约翰·霍普金斯大学心理学教授，美国著名的职业指导专家。他于 1959 年提出了具有广泛社会影响的职业兴趣理论。认为人的人格类型、兴趣与职业密切相关，兴趣是人们活动的巨大动力，凡是符合个体职业兴趣的职业，都可以提高人们的积极性，促使人们积极地、愉快地从事该职业，且职业兴趣与人格之间存在很高的相关性。霍兰德认为人格可分为现实型、研究型、艺术型、社会型、企业型和常规型六种类型。

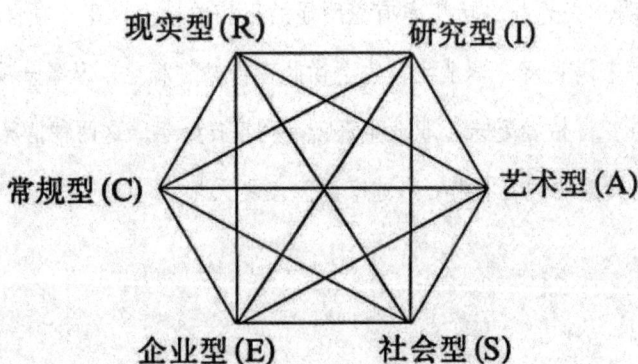

图 3.1 六种职业类型

霍兰德职业兴趣类型

社会型：

- 共同特征：喜欢与人交往、不断结交新的朋友、善言谈、愿意教导别人。关心社会问题、渴望发挥自己的社会作用。寻求广泛的人际关系，比较看重社会义务和社会道德。

- 典型职业：教师，社会工作者，牧师，心理咨询师，护士等。

企业型：

- 共同特征：追求权力、权威和物质财富，具有领导才能。喜欢竞争，敢冒风险，有野心、抱负。为人务实，习惯以利益得失、权力、地位、金钱等来衡量做事的价值，做事有较强的目的性。

- 典型职业：律师，政治运动领袖，营销商，市场部经理，电视制片人，保险代理等。

常规型：

- 共同特点：尊重权威和规章制度，喜欢按计划办事，细心、有条理，习惯接受他人的指挥和领导，自己不谋求领导职务。喜欢关注实际和细节情况，通常较为谨慎和保守，缺乏创造性，不喜欢冒险和竞争，富有自我牺牲精神。

- 典型职业：秘书、办公室人员、记事员、会计、行政助理、图书馆管理员、出纳员、打字员、投资分析员。

实际型：

- 共同特点：愿意使用工具从事操作性工作，动手能力强，做事手脚灵活，动作协调。偏好于具体任务，不善言辞，做事保守，较为谦虚。缺乏社交能力，通常喜欢独立做事。

- 典型职业：技术性职业（计算机硬件人员、摄影师、制图员、机械装配工），技能性职业（木匠、厨师、技工、修理工、农民、一般劳动）。

调研型：

- **共同特点：** 思想家而非实干家，抽象思维能力强，求知欲强，肯动脑，善思考，不愿动手。喜欢独立的和富有创造性的工作。知识渊博，有学识才能，不善于领导他人。考虑问题理性，做事喜欢精确，喜欢逻辑分析和推理，不断探讨未知的领域。

- **典型职业：** 科学研究人员、教师、工程师、电脑编程人员、医生、系统分析员。

艺术型：

- **共同特点：** 有创造力，乐于创造新颖、与众不同的成果，渴望表现自己的个性，实现自身的价值。做事理想化，追求完美，不重实际。具有一定的艺术才能和个性。善于表达、怀旧，心态较为复杂。

- **典型职业：** 艺术方面（演员、导演、艺术设计师、雕刻家、建筑师、摄影家、广告制作人），音乐方面（歌唱家、作曲家、乐队指挥），文学方面（小说家、诗人、剧作家）。[1]

霍兰德认为，职业选择是人格的一种表现，某一类型的职业通常会吸引具有相同人格特质的人，这种人格特质反映在职业上就是职业兴趣。个人的职业兴趣往往是多方面的，很少只是集中在某一类型上，只是偏好程度不同。由于同一职业团体内的人具有相似的人格特质，因此他们对情境和问题会有类似的反映，从而产生特定的职业氛围即职业环境。而个人兴趣类型和职业环境之间的适配将增加个人的工作满意度、职业稳定性和职业成就感。因此，占主导地位的兴趣类型可以为个人选择职业和工作环境提供方向。我们如何得知占自己的主导地位的兴趣是什么呢？可以使用霍兰德职业兴趣测验来进行测量。

霍兰德职业兴趣测验分为六部分，第一部分是请参与测验者写出心中的理想职业或专业，第二部分为请参与测验者在所列出的具体活动中选择出自己所感兴趣的活动，第三部分为请参与测验者在所列出的具体活动中选择出自己所擅长或胜任的活动，第四部分为请参与测验者在所列举出的职业中选择出自己所喜欢的职业，第五部分和

---

[1] http://baike.baidu.com/view/1508701.htm 选编.

第六部分为请参与测验者进行能力类型的自我评定。然后将测验得到的职业兴趣代码，对照霍兰德职业索引，就得出了所适合的职业。教师职业类型应属于霍兰德职业兴趣类型中的研究型和社会型，现将霍兰德职业兴趣量表中这两种类型所感兴趣的和所擅长的活动列举如下：

霍兰德职业兴趣量表（部分）

研究型

你喜欢做下列事情吗？	你擅长或胜任下列事情吗？
阅读科技书报、杂志	了解晶体管或集成电路的工作原理
做实验	知道三种以上蛋白质含量高的食物
科研活动或自己设定一个问题进行研究	知道一种放射性元素的半衰期
设计制作飞机、舰船模型	构思一个活动计划或工作方案
猜谜、做数字游戏或文字游戏	使用计算器、对数表或计算尺
阅读某专业的论文	使用显微镜
解数学难题	辨认夜空中的三个星座
解一盘棋局	说明白血球的功能
读侦探小说或悬念小说	解释简单的化学分子式
上数学课	理解人造卫星不会落地的原理
上物理课	参加学术讨论会或科技成果交流会

社会型

你喜欢做下列事情吗？	你擅长或胜任下列事情吗？
给同学和亲友写信、发E-mail	善于向别人解释问题
参加学校或工作单位组织的正式活动	参加慰问、福利或救济活动
加入某个社团组织、俱乐部或组织自发的小组	与人友好相处、配合工作
帮助他人解决困难	会邀请客人和招待客人
照料儿童	能深入浅出地教育儿童
参加他人的婚礼、生日宴会等活动	为一次聚会安排娱乐活动
结识新朋友	帮助他人解决困难
参加讨论会或辩论会	帮助护理病人或伤员
看运动会或参加体育比赛	安排学校或社团组织的各种集体事务
探亲访友、与人来往	善于体察人心，或善于判断人的性格
阅读人际交往方面的书刊	善与年长者相处

我适合做什么——气质与性格

(一) 认识气质

心理学认为气质是表现在心理活动的强度、速度、灵活性与指向性等方面的一种稳定的心理特征。人的气质差异是先天形成的,受神经系统活动过程的特性所制约。孩子刚一落生时, 最先表现出来的差异就是气质差异, 有的孩子爱哭好动, 有的孩子平稳安静。气质是人的天性, 无好坏之分。它只给人们的言行涂上某种色彩, 但不能决定人的社会价值, 也不直接具有社会道德评价含义。早在公元前 5 世纪, 古希腊医生希波克拉特就提出了 4 种体液的气质学说, 即人体内有四种体液:血液、黏液、黄胆汁和黑胆汁, 哪一种体液在人体内占优势决定了人属于哪种气质类型 : 多血质、胆汁质、黏液质和抑郁质。后来的研究借用了这四种气质类型的名称, 每种气质类型都有其特点。

【教育课堂】

不同的气质类型

- **多血质**：灵活性高, 易于适应环境变化, 善于交际, 在工作、学习中精力充沛而且效率高；对什么都感兴趣, 但情感兴趣易于变化；有些投机取巧, 易骄傲, 受不了一成不变的生活。

- **黏液质**：反应比较缓慢, 坚持而稳健地辛勤工作；动作缓慢而沉着, 能克制冲动, 严格恪守既定的工作制度和生活秩序；情绪不易激动, 也不易流露感情；自制力强, 不爱显露自己的才能；固定性有余而灵活性不足。

- **胆汁质**：情绪易激动, 反应迅速, 行动敏捷, 暴躁而有力；性急, 有一种强烈而迅速燃烧的热情, 不能自制；在克服困难上有坚忍不拔的劲头, 但不善于考虑能否做到, 工作有明显的周期性, 能以极大的热情投身于事业, 也准备克服且正在克服通向目标的重重困难和障碍, 但当精力消耗殆尽时，便失去信心，情绪顿时转为沮丧而一事无成。

- **抑郁质：**高度的情绪易感性，主观上把很弱的刺激当作强作用来感受，常为微不足道的原因而动感情，且有力持久；行动表现上迟缓，有些孤僻；遇到困难时优柔寡断，面临危险时极度恐惧。[①]

气质类型没有好坏之分，但其对职业的影响是十分重大的，一个抑郁质的人想要成为一名汽车推销员或者一个胆汁质的人想要成为一名会计，都是很难办到的，多血质的人可以成为一名很好的警察、消防员，却很难成为一名优秀的教师。所以在择业时，一定要注意了解自己的气质类型。

（二）认识性格

东方古语云："积行成习，积习成性，积性成命。"西方也有名言："播下一个行为，收获一种习惯；播下一种习惯，收获一种性格；播下一种性格，收获一种命运。"可见性格的重要性。心理学认为性格，也称人格、个性，是构成一个人的思想、情感及行为的特有统合模式，这个独特模式包含了一个人区别于他人的稳定而统一的心理品质。

性格与气质不同，它有好坏之分。性格在一定程度上能够掩盖和改造气质，还对能力的形成和发展起制约作用。性格中对劳动、对工作态度的成分，直接影响到职业的选择和职业的成就。有的人以劳动为荣，把劳动当作自己的需要；有的人则以劳动为耻，把劳动和工作看成自己的负担。有的人积极、主动、肯干；有的人消极、怠慢；有的人对工作认真负责，一丝不苟；有的人则马虎大意，敷衍塞责。性格中反映对他人、对自己和对集体态度的成分，也往往影响到职业的选择和成就。自私、傲慢、孤僻、暴躁，对公益事业漠不关心，轻视社会行为规范的人，就不适宜从事与人打交道的职业，如教师、服务员、公关人员、外交人员、机关干部等。性格中的意志成分也同职业的选择与成就有密切关系。缺乏坚忍性的人不适宜从事诸如外科医生、科学研究人员、资料管理人员、运动员等要求耐力很强的工作；动摇、怯懦、散漫的人，不适宜选择诸如思想政治工作、服务员、教师等职业。

惠特曼曾经说："在教育工作中，一切都应以教师的人格为依据。因为教育力量只

[①] http://baike.baidu.com/view/5309.htm.

能从人格的活的源泉中产生出来，任何规章制度，任何人为的因素，无论设想得如何巧妙，都不能代替教育事业中教师人格的作用。"我国也有一句古语"经师易得，人师难逢"。这里所谓"经师"指的是有经验的教师，而"人师"则为人品高尚的教师。由此可见，教师的魅力在于其人格的魅力。

【教育课堂】

理想的教师性格

- **独立的性格特征**：对于教师来说，这种性格是独立开展教育教学工作的重要条件。教师是学生的一种依靠，尽管你还是一个大孩子，尽管你还稚气未脱，但在学生眼里，你就是他们的主心骨。在处理任何问题时，都需要教师独立地做出决定，胸有成竹地提出解决问题的方案，无论在什么情况下，都不能惊慌失措，更不能置之不理，而这一切都需要教师有独立的性格特征。

- **热情开朗的性格特征**：教育以人为对象，最重要的是要有一颗热忱待人的心。教师只有热情开朗，朝气蓬勃，他们在教育工作中才能善与人处，与人为善，才能如春风一般给人以温暖和关怀，进而热爱学生；反之，教师如果是悲观，甚至抑郁的性格，对人冷漠，缺乏同情心，学生就会疏远他，在师生之间就会筑起一道无法逾越的高墙。在这种情况下，不仅谈不上教育、影响学生，教师自己的内心也是十分痛苦的。

- **耐心细致、沉着冷静的性格特征**：塑造人的灵魂是一项极其艰苦细致的工作，具备耐心细致、沉着冷静的教师才能担当此任，才能诲人不倦，才能以坚忍的毅力和反复细致的工作去感化学生、教育学生。

- **诚实正直、温和宽厚的性格特征**：鲁迅曾指出，伟大人格素质重要的是一个"诚"字，而这个字对教师的职业要求就更高。只有教师以诚待人，将心比心，才能换来学生的信任、学生的认可。诚，是爱生的基础，是奉献的核心，学生"不恨寡而恨不公"，公平地去对待每一个学生，容忍每一个学生，特别是容忍学生的错误，不断地给他们改正错误的机会，是教师必备的修养。

从教师职业所具备的人格修养来看，研究者曾对荣获市级乃至全国优秀教师荣誉称号的438名上海市中小学教师，用卡特尔16种人格因素量表进行测试。结果表明，优秀教师性格类型明显偏向外向型一边。同时发现，优秀教师在稳定性、自律性、乐群性、聪慧性上的得分均高于普通人。因此，研究者得出的大致结论是：适合做教师的人，特别是做优秀教师的人，最好是那些情绪稳定性高、较少感情用事、性格偏外向、热情老练的人。[①]

我擅长做什么——能力 ╱

（一）认识能力

能力是人们经常挂在嘴边的一个词儿。如有人聪慧，有人笨拙；有人显示了音乐才华，有人则有组织才能；有人学业出众，有人事业成功；有人一生成就非凡，有人却碌碌无为等。能力的概念很复杂，心理学上一般认为，能力是一种心理特征，是顺利实现某种活动的心理条件。它表现在活动中，并在活动中得到发展。与前述兴趣、气质、性格不同，人的能力是可以主观改造的，能力的大小与受教育程度和个人的主观努力状况有直接关系，尤其是与所接受的专业和公众教育有关。

在职业生涯规划视角下谈能力，我们要关注的是人的职业能力。职业能力，是人们从事某种职业的多种能力的综合。如一位教师只具有语言表达能力是不够的，还必须具有对教学的组织能力，对教材的理解和使用能力，对教学问题和教学效果的分析、判断能力等。职业能力是多种能力的综合，我们一般从以下几个方面来理解职业能力。

①南储桥.理想的教师性格.http://hnpx.cersp.com/article/browse/184122.jspx.

职业能力的划分

- **一般能力**：主要是指一般的学习能力、文字和语言运用能力、数学运用能力、空间判断能力、形体知觉能力、颜色分辨能力、手的灵巧度、手眼协调能力等。此外，任何职业岗位的工作都要与人打交道，因此，人际交往能力、团队协作能力、对环境的适应能力，以及遇到挫折时的良好的心理承受能力，都是我们在职业活动中不可或缺的能力。

- **专业能力**：主要是指从事某一职业的专业能力。在求职过程中，招聘方最关注的就是求职者是否具备胜任岗位工作的专业能力。

- **综合能力**：主要是指国际上普遍培养的"关键能力"，主要包括跨专业的专业能力（运用数学和测量方法的能力、计算机应用能力、运用外语解决技术问题和进行交流的能力）、方法能力（信息收集能力、掌握制订工作计划并独立决策和实施的能力、准确的自我评价能力和接受他人评价的承受力、并能够从成败经历中有效吸取经验教训）、社会能力（团队协作能力、人际交往和善于沟通能力）、个人能力。[①]

如果说职业兴趣或许能决定一个人的择业方向，以及在该方面所乐于付出努力的程度，那么职业能力则能够说明一个人在既定的职业方面是否能够胜任，也能够说明一个人在该职业中取得成功的可能性。我们可以通过心理测量来了解自己的职业能力。

了解你的职业能力

想了解你的各种能力吗？想知道什么职业最适合你吗？那就根据你的实际情况，回答下列问题吧！在你选择强或弱的表格中打"√"。

68

---

①钱杭园，李文丽．学会学习与职业规划 [M]．科学出版社，2010.9.

A	强	弱	B	强	弱
1.善于表达自己的观点			1.目测能力（如测量长、宽、高等）		
2.阅读速度快,并能抓住中心内容			2.解应用题的速度		
3.清楚地向别人解释难懂的概念			3.笔算能力		
4.对文章的字、词、段落的理解、分析和综合的能力			4.心算能力		
5.掌握词汇量的程度			5.使用工具的计算能力		
6.你读书期间的语文成绩			6.你读书期间的数学成绩		
C			D		
1.作图能力			1.发现相似图形中的细微差异		
2.画三维度的立体图形			2.识别物体的形状差异		
3.看几何图形的立体感			3.注意到多数人所忽视的物体的细节部分		
4.想象盒子展开后的平面形状			4.检查物体的细节		
5.想象立体物体的能力			5.观察图案是否正确		
6.玩拼图游戏			6.善于改正计算中的错误		
E			F		
1.快而正确地抄写资料			1.操作机器的能力		
2.发现错别字			2.玩电子游戏或瞄准打靶		
3.发现计算错误			3.运动中身体的协调和灵活性		
4.发现图表中的细小错误			4.打球的姿势与水平		
5.在图书馆更快查找编码卡片			5.手指的协调性		
6.持久工作能力			6.身体平衡的能力		
G			H		
1.灵巧地使用手工工具			1.善于在陌生的场合发表自己的意见		
2.灵巧地使用很小的工具			2.去新场所并结交朋友		
3.弹乐器时手指的灵活度			3.你的口头表达能力		
4.动手做一个小工艺品			4.善于与人友好交往并协同工作		
5.很快地削水果			5.善于帮助别人		
6.修理、装配、拆卸、编织、缝补一类的活动			6.擅长做别人的思想工作		

I				
1.善于组织集体活动		4.冷静地、果断地处理突然发生的事情		
2.在集体活动或学习中，经常关心他人的情况		5.在工作中你认为自己工作能力出众		
3.在日常生活中经常动脑筋，出点子		6.善于解决朋友与同事之间的矛盾		

现在根据每组回答的强弱次数，填入下表：

组	相应的职业能力	强次数	弱次数	组	相应的职业能力	强次数	弱次数
A	语言能力			F	运动协调能力		
B	数理能力			G	动手能力		
C	空间判断能力			H	社会交往能力		
D	觉察细节能力			I	组织管理能力		
E	书写能力						

在"强次数"栏中找出两个数字最大的组，这两个组所表示的能力就是你在职业能力上相对较强的两个方面，然后你可以对照下面的分析，看到你比较适合从事的职业有哪些。你也可以在"弱次数"栏中找出两个数字最大的组，这两个组所反映的职业能力对你来说相对较弱，你不太适合从事要求这两方面职业能力强的职业。

A 语言能力：适合从事的职业有业务员、推销员、导游、演员、导演、编辑、播音员、节目主持人、教师、律师、审判员等。

B 数理能力：适合从事的职业有会计、银行职员、保险公司职员、税务员、审计员、统计员、自然科学家、计算机工程师等。

C 空间判断能力：适合从事的职业有技术员、工程师、服装设计师、艺术家、建筑师、摄影师、家电维修专家、自然科学家、军官、司机等。

D 察觉细节能力：适合从事的职业有技术员、工程师、电工、房管员、咨询师、运动员、教练员、导演、图书馆员、会计、银行职员、保险公司职员、审计员、统计员、编辑、播音员、自然科学家、计算机工程师等。

E 书写能力：适合从事的职业有教师、公务员、社会科学家、秘书、打字员、编辑、银行职员、咨询师、经理、记者、作家等。

F 运动协调能力：适合从事的职业有运动员、教练员、演员、工人、农民、服装设计师、美容师、电工、司机、服务员、导游、医生、护士、药剂师、导演、警察、战士等。

G 动手能力：适合从事的职业有医生、护士、药剂师、导演、运动员、教练员、自然科学家、工人、农民、服装设计师、美容师、家具设计师、艺术家、服务员、保育员、摄影师、演员、售货员、战士等。

H 社会交往能力：适合从事的职业有采购员、推销员、公共关系人员、业务员、编辑、调度员、经理、服务员、导游、咨询师、银行信贷员、税务员、保险公司职员、演员、导演、教师、公务员、秘书、警察、律师等。

I 组织管理能力：适合从事的职业有调度员、导游、教练员、导演、编辑、教师、经理、公务员、保育员、咨询师、事务员、秘书、律师、警察等。[1]

（二）教师的能力

面临知识经济、信息化社会的挑战，科教兴国成为我国新世纪的发展战略。培养一支适应 21 世纪社会发展需要的师资队伍已成为当务之急。教师的能力作为履行教师职责的适应程度和承受水平，是决定教育教学效能的基本因素。所以教师能力在教学活动中形成并表现出来的、直接影响教育教学活动的成效和质量，决定教育教学活动的实施与完成的某些能力的结合。现代学校是一个开放系统，现代教师的能力系统亦应是一个开放的体系，有研究者将新时期的教师能力概括为一个教师能力体系，主要内容如下：

新世纪教师能力体系[2]

一级能力	二级能力
基本认识能力	观察力、注意力、记忆力、想象力、思维力
系统学习能力	自学能力、专业能力、信息资料的加工利用能力、外语能力
调控与交往能力	行为与心理的调控能力、人际交往能力

①了解你的职业能力找寻你的职业目标 [J]. 教育与职业, 2003 (02).
②靳莹，王爱玲. 新世纪教师能力体系探析 [J]. 教育理论与实践, 2000 (04).

教育教学能力	组织管理能力（教学内容的组织加工能力、课堂教学的组织实施能力、教育管理能力） 表达能力（语言及非语言表达能力、书面表达能力、板书表达能力、情感表达能力） 现代教育技术运用能力
拓展能力	教师自我发展的规划能力、教育教学知识的拓展运用能力 开展创造型教学的能力、教育教学科研能力

注：括号内为三级能力

我应该做什么——价值观 /

（一）认识价值观

每个人对成功的定义不尽相同，因此在进行职业生涯规划前有必要先了解如下问题：你认为的成功到底是什么？你希望在工作中获得的是什么？是金钱、地位、环境，还是一种精神享受、价值认同，或者是更为高尚的社会奉献？

回答这个问题需要一个人清楚地认识自己的价值观，该问题的答案也清晰地反映出了一个人的价值观。价值观是指一个人对周围的客观事物（包括人、事、物）的意义、重要性的总评价和总看法。它一方面表现为价值取向、价值追求，凝结为一定的价值目标；另一方面表现为价值尺度和准则，成为人们判断事物有无价值及价值大小的评价标准。个人的价值观一旦确立，便具有相对稳定性。但就社会和群体而言，由于人员更替和环境的变化，社会或群体的价值观念又是不断变化着的。传统价值观念会不断地受到新价值观的挑战。对诸事物的看法和评价在心目中的主次、轻重的排列次序，构成了价值观体系。价值观和价值观体系是决定人的行为的心理基础。

【教育课堂】

你拥有哪种价值观？

• **理性价值观**：以知识和真理为中心的价值观，具有理性价值观的人把追求真理看得高于一切。

- **美的价值观**：以外形协调和匀称为中心的价值观，他们把美和协调看得比什么都重要。

- **政治性价值观**：以权力地位为中心的价值观，这一类型的人把权力和地位看得最有价值。

- **社会性价值观**：以群体和他人为中心的价值观，把为群体、他人服务认为是最有价值的。

- **经济性价值观**：以有效和实惠为中心的价值观，认为世界上的一切，实惠的就是最有价值的。

- **宗教性价值观**：以信仰为中心的价值观，认为信仰是人生最有价值的。

- **教育价值观**：指人们对教育的价值关系的认识和评价以及在此基础上所确定的行为取向标准。[1]

(二) 教师的价值观

教师是以传递文化知识、实行教化、造就人才为宗旨的一个专门职业。它作为人类社会中最古老的行业和职业之一，在整个社会发展过程中，一直充当着继往开来的重要角色。社会给予教师极高的期望和赞美，如"春蚕"、"蜡烛"、"园丁"、"托起太阳的人"等等，人们也逐渐地形成了一定的教师职业价值观。但随着人们对教师职业认识的不断深入，有关教师的职业价值观也在不断地发展和变化。教师是不断超越自我，是让人幸福的职业。

【教育课堂】

你是哪种教师？

根据马克思、恩格斯对于不同社会状态下人的自由程度的不同而经历的生存、享受和发展三个层次的划分，将教师的职业生存状态分为生存型、享受型和发展型三种。

生存型教师：处于以教师职业为谋生手段的状态，即主要是从生计出发，站在功利的角度，以被动和消极的眼光看待自己的职业。如把教师看成是知识

[1] http://baike.baidu.com/view/135672.htm.

的搬运工，把教师的工作看成是无可奈何的选择，将教师职业当作寻找"更好"职业之前的跳板等。由于从事这一职业更多的是出于无奈，因而感到痛苦和困惑。在生存型教师身上我们看到的是对职业的厌恶和疏远，教师与职业是分离的。

享受型教师：他们处于体验人生和品味幸福的状态，即教师主要是从兴趣出发，站在非功利的角度，以对教育事业和学生的热爱来对待自己的职业，如把学生的成长当成教师最大的快乐，对平凡的工作充满热爱，在付出与给予中获得内心满足等。他从事这一职业是因为自己喜欢，因而感到快乐和幸福。在享受型教师身上，我们感受到了他对教师职业的热情和积极态度，教师与职业是融为一体的。

发展型教师：他们处于服务社会和完善自我的状态，即主要是从自身和社会需要出发，站在超功利的角度，以完善自我、为社会做贡献的立场来看待自己的职业，他从事这一职业是为了过一份更有意义的人生，因而感到崇高而有价值。如把教师看成是教育活动的反思者和研究者，以终身自我教育作为教育生涯的推动力，视教师职业为不仅给予也在收获的有意义活动等。在发展型教师身上，我们体会到了他对提升自己的迫切愿望和富于创造性的教育智慧，教师是超越于职业的，是以"教育家"为发展目标的。[①]

教师应具有什么样的价值观呢？有一位学者曾这样总结，教师的职业境界有四个层次：一是把教育看成是社会对教师角色的规范和要求；二是把教育看作是出于职业责任的活动；三是把教育看作是出于职业良心的活动；四是把教育当作幸福体验。由此可见，教师的最高境界是把教育当作幸福的活动。高尚、崇高只是一种来自外在的评价，而幸福是行为主体的内在体验，只有与人的内在情感体验相联系的活动才具有坚实的基础和永恒的活力。虽然人的社会性决定了人的活动的奉献性，但只有把工作当成幸福的人才不会从奉献中感到有什么损失，甚至不会意识到自己是在奉献，他只有从工作中感到生命的充实和生活的乐趣。因此，只有感受到职业尊严，体验到职业幸福的教师，才会去辛勤耕耘，积极奉献，才会获得真正的职业发展。所以说，教师的职业价值观才是教师职业发展的内在动因。

①张凤琴.教师职业价值观——教师职业发展的内在动因[J].内蒙古大学学报(教育科学版)，2004 (3).

/ 教师职业角色层析 /

每个人都是一个自然人，也是一个社会人，是自然人和社会人的统一。对于一个自然人来说，要认识自己，可以从以上所述的兴趣、性格、能力和价值观方面来了解；但对于一个社会人来说，要认识自己，就要认清自己的社会角色。教师是一个庞大的群体，也具有其独特的职业角色。

角色，指演员扮演的剧中人物，也比喻生活中某种类型的人物和戏曲演员专业分工的类别。经过社会分工，每个职业角色都有相应的能力要求，承担着相应的责任，服务于相应的人群，每个角色渐渐形成了其典型的行为要求，来规范这个群体人员的行为。教师从事同一个职业，拥有一个名字——教师，符合该角色行为要求的人，才无愧于这个称谓。但是在当前，很多教师对自己的职业角色都达不到认识和了解，甚至产生了很多困惑。

教师角色困惑 ╱

让我们来看看一位教师的困惑感言：

曾几何时，夜半窗口女教师批改作业的瘦削身影成为教师这一职业的经典场景，男教师衣襟上的白粉笔灰和两鬓的白发吸引了多少尊敬的目光。人们把"辛勤的园丁"、"滴泪的蜡烛"、"灵魂的航标"等美好字眼慨然献给教师。教师是奉献、高尚、博爱的象征，是知识、学问、良知的化身。人们是那样信任老师，信任校园，向往校园。校园里，书声琅琅，书香馥馥，书海茫茫。一排婀娜的垂柳，两行挺拔的白杨，三面镂花的院墙，把校园同叫卖声隔开，同霓虹灯隔开，同写字楼隔开，校园因之得以成为同世俗社会相对保持距离的一方净土，教师因之得以潜心于教学和科研，学生因之得以埋头于学业，呵护纯净的心灵和燃烧的理想。

然而，现在杨柳少了甚至不见了，围墙矮了甚至没有了，学校开始同世俗社会接壤，滚滚红尘扑面而来。从此，教师被抛入一个个困惑的旋涡之中——不知道应以灌输崇高的理想为天职，还是以传授专业技能为使命；不知道应把学生打造成只晓得趋利避害八面玲珑的小市民，还是培养成为具有批判视角和独立精神的时代精英；不知道应保持对形而上的"道"的向往，还是甘于对形而下的"器"的屈从；不知道应作为专业人士默默钻进纯学术的象牙塔，还是作为人文知识分子往来驰骋激浊扬清；不知道应在主流评价体系内循规蹈矩亦步亦趋，还是在个性开发的荒原上披坚执锐特立独行；不知道应黄卷青灯十年磨一剑，还是网上巡游片刻成一宗；不知道应满足于冠冕堂皇的宏论，还是勇于吐露求真务实的心声；不知道应蹲下来精耕细作培育一园桃李，还是一窝蜂挤上飞机气昂昂漫山撒种……①

也许以上想法不是所有教师都有，但起码也是一部分教师的真实心声。其实教师的角色困惑不仅是有关学生，也有关教师自己以及自己的生涯发展。这种对教师职业的迷茫必然也会导致教师在教育生涯中很多事情处理不当，于是导致学生迷茫，最终影响学生的成绩、影响学生的人生。编者也从以上三个方面来解读教师的角色困惑，力求对迷茫的教师有所帮助。

（一）对于学生：教学的目的是学生的高分吗？

教师教授学生是为了什么？对于这个问题的回答可以影响到教师的整个教学过程。教师也许并没有仔细思考过这个问题，但是他们的所言所做无不潜移默化地反映出了他们对这个问题的回答。教师们大多都有这样的现象：各科老师最大的精力似乎都放在成绩差的学生身上，不管这个学生是否有能力学好，不管他对教学有什么样的感受，也不管他还有什么优点和特长，反正考试成绩是至关重要的。而且现在的家长、学校都用分数来衡量学生的好坏，衡量教师的素质。学习成绩是所有教师都回避不了也不会回避的问题，但是成绩是学生的唯一吗？

---

①林少华.教师的困惑.http://www.dfdaily.com/html/150/2011/9/23/669634.shtml.

金校长的担忧

从教30多年的金校长说："现在家长只认孩子的分数，只要孩子学习好就是一切都好，可是现在有些孩子连最基本的做人底线都没有了！"这是谁的过错，这是谁的遗憾？

金校长讲了这样一个例子，近两天在广播中听到一件事情，一名学生因为心情不好动手打老师，还摔坏了老师的手机，学校要将学生开除，家长和学生不同意，认为学校不能剥夺学生上学的权利，因此找到媒体反映此事。"按照常理，如果没有什么特殊情况，学生的这种行为应该不是一天、两天养成的，这是怎么形成的？这样的学生学校还能不能容忍他留下？如果不留，推到社会上将来又会怎样？"

让金校长感到揪心的是现在学生的身体素质，基本体测都不达标。体重超标的、颈椎病的、还有一些孩子竟然有糖尿病，上个四层楼就气喘吁吁。

更让人担忧的是孩子们的心理问题，抗压能力差，受挫能力差，不用说打了，说都说不得。说重了，不是轻生跳楼，就是离家出走，"都这样，以后的社会会是什么样？"金校长说。[①]

(二) 对于自己：事业和家庭如何平衡

网上流行一首打油诗，名为《教师的一天》：

早晨：钟声闹起，一日开始。呼儿唤妻，简单梳洗。衣不及熨，被未及理。匆匆忙忙，就上班去。

中午：桌旁一趴，聊作休息。正要入梦，铃声响起。午间自习，检查纪律。拼命干活，慎讲索取。

晚上：两眼一合，已然梦里。不是上课，就是考试。和在醒时，毫无差异。

天天这样，年年如此。悲上心头，心痛如斯。天已微明，铃声又起……

老师很累，繁重的工作几乎占据了自己所有的时间，都说老师是蜡烛，要燃烧自

---

①百位教师的困惑（下）[N]. 东亚经贸新闻（长春），2009-9-10.

已照亮别人，但这"别人"不包括家人。家庭对于教师来说也是非常重要的，尤其是在教师疲惫、困惑、迷茫的时候，家庭和家人会给教师带来巨大的支持。事业和家庭这座天平如何平衡，是一个永恒的话题。事业有成、家庭和睦幸福是每一个人追求的目标，也是成功实现人生价值和构建和谐社会的一项重要内容。对于教师，尤其是女教师而言，事业和家庭两全实在是太难了。

【教育案例】

忙碌的老师

赵老师：女儿已经4岁了，可作为母亲，赵敏连女儿幼儿园的老师都不认识。因为每天接送孩子的时候，她都在为自己的学生忙碌着。春节要到了，赵敏的愿望平凡得一如往常，那就是多陪陪女儿。今年32岁的赵敏，是黑龙江省双城市五家镇第二中学二年四班的班主任，她把全班30名学生都视作自己的孩子。"在学校，我努力做一位好老师，希望把我的学生都培养成才。"赵敏说，"可每天早出晚归的，回到家里还要批改作业、备课，没有更多的精力照顾家庭，就是安心陪孩子看会儿动画片都做不到。"

张老师：张老师是省内某知名高中的教师，家里有一个3岁半的女儿，每天早上，张老师要在6点10分左右离开家，女儿在睡觉；一整天在学校，上完晚自习是晚上8点半，到家的时候至少9点，女儿还在睡觉。因为和女儿相处的时间太短，女儿对自己很陌生。今年暑假的时候，张老师抓紧每一分、每一秒和女儿在一起，两个人的感情迅速升温。可是"好景不长"，新学期马上开始了，张老师又回到了原来的生活轨迹中。

郭老师：昭通大关县高桥乡苗圃希望中学的教师郭云青获得了苗圃行动（香港）20周年征文比赛一等奖，他在获奖感言中提到，虽然背负了朋友的嘲笑、亲人的责难，妻子的数落，甚至自己也为没有给女儿一个好的生活环境而自责，但他还是毅然放弃走出山区的机会。他说"每当走进教室，面对几十双渴求知识的目光，揪心的疼痛来自心底，纵然是晴天一身灰，雨天两脚泥；纵然责难满耳，数落漫天；纵然愧对女儿，耗尽余生，我也将义无反顾。"

（三）对于职业生涯：我的前途在哪里

教师是什么人？仅仅是一名"教书匠"吗？有人说教师是财富，是核心竞争力。卓越的教师教孩子3年，要对学生负责30年，对国家负责300年。教师也是学者，是思想家，是艺术家，是心理学家。总之教师有多少学问都不为过。就是说教师不能满足于现有知识，缺乏求知精神和创新精神，而要热爱教育工作，精通本专业的基础知识，不断更新教育理念，善于运用心理学和教育学的原理，探究学生身心发展特点，用敏锐的眼光去发现教育、教学活动中的问题，不断自觉拓宽知识领域，不断自我挑战，不断给予自己成长机会并付出努力。但这太难做到了，而且教师在职业生涯中也会遇到太多事情来动摇自己的信念，来打乱自己的步伐，所以对于教师来说，回答"我是谁"和"我将如何发展"同样困难。

一位教师在40岁生日时，在自己的博客上写下了这样一段话：

俗话说：三十而立，四十不惑。可是对于过去的40年，尤其是担任教师的近20年，自己感觉不是很满意，而对于未来，更加忐忑不安。教书快20年了，自己感觉还是摸索出了一点经验，对于教书育人，面对一批又一批的学生，自己感觉还是问心无愧的。但是，学校里，领导代表组织，工作安排、业绩评价、职称待遇、发展前途全都捏在他们手中，带什么样的班、与哪几个科任教师搭配，全都由领导说了算。就在我过40岁生日的夜晚，面对电脑屏幕，我突然怀疑：自己是不是还能培养出更多的优秀学生，是不是还能转化更多的差生？今天的工作和10年前有差别吗？那么展望后10年，我仍心有余悸，心中充满无奈。我是不是还能继续为这份工作全心付出，一如往昔？[①]

以上所述只是众多教师困惑中的一小部分，这些困惑不仅给教师个人带来了困扰，也影响了学生的学习，甚至影响了教育大环境以及社会人群对教育的看法。

---

①连榕．教师职业生涯发展[M]．中国轻工业出版社，2010.1.

当代教师的角色现状 /

随着科技的进步,知识不断更新,社会对教师角色的要求不再单纯是"传道、授业、解惑"。正如《学会生存》中所讲:教师的职责现在已经越来越少地是传递知识,而越来越多地是如何激励学生去思考。除了正式职能之外,教师将逐渐成为一位顾问、一位交换意见的参加者,一位帮助学生发现矛盾观点而不是拿出真理的人。由于现代信息量的急剧增多,学生视野开阔,思维活跃,知识面广,教师如果仅仅是依赖有限的知识或权威的地位很难驾驭课堂,难怪有不少教师都有"现在的学生越来越难教"的感觉。可以说当前教师面临着前所未有的职业角色体验。

（一）角色混淆

教师的角色期待,一方面来自正式的组织规定,如法律、校规等对教师角色的约束;另一方面来自非正式的规范,如教师间的合作、竞争、模仿及认同的过程。角色混淆是指教师无法获得明确、清晰的角色期望,或因角色期望无法达成一致而产生混乱。在这种情况下,教师不知道别人预期什么,不知道自己要如何扮演这个角色。教师角色混乱的主要原因,一方面是角色期待不明,这主要是由教师角色的弥散性和模糊性所致;另一方面是部分教师的角色知觉能力不足。教师在职前阶段对这个角色还没有形成清晰的认识,在角色实践过程中也没有及时地寻求帮助,当这种迷糊不清的角色期待持续困扰时,就会干扰教师角色作用的发挥,对教师的角色体验产生消极的影响。

【教育视窗】

教师:一个混淆的角色

我们总是不自觉地给教师赋予了太多的角色和功能,以至于教师成为了一项不可能完成的工作。但凡在现代教育中负责任的老师,很少不是牺牲太多付出太多,以至于人生一片灰暗的人。

很不幸的是,教师的角色设计,就存在重大的误解。

如果你做过老师（尤其是传统学校里的老师），你就会发现老师有着以下的角色：

- 知识的表演者
- 学习的监督者
- 教学的设计者
- 道德的灌输者
- 人生的激励者

对老师的这些要求，事实上哪怕做好其中一项，都非常不容易，何况我们要求老师全部都要做到。这就等于让这个角色，在一开始就是失败的。[①]

（二）角色超载

角色超载通俗地说就是指导别人预期什么，但无力实现其全部预期。教师产生角色超载体验的主观原因是角色预期不合理或角色承担的能力有限。客观原因是许多教师既要从事常规教学，又要担任行政工作。琐屑的事物分散了教师的经历，使教师感到责任重大又难以胜任。

大量研究表明，如果出现工作任务繁重，完成任务的时间太紧，所带班级学生数量过多，需要完成的文案工作过多，或者是所交付任务超出教师的能力和范围等情况，都会给教师造成过大的工作压力，从而形成"角色超载"现象。一项对美国教师的调查表明，一些没必要的文本工作（比如各种各样的计划、总结）不仅没有为他们的工作提供有效的帮助，反而浪费了大量宝贵的教育教学时间。美国学者萨顿指出，"角色超载"现象可能引发两种反映：一种是教师的工作质量下降或根本不去完成工作，这会直接导致教师的焦虑和低自尊。另一种反映则是教师继续不断尽力去满足已经超出自己能力范围的"角色"的要求，这会导致教师更加缺乏休息时间，于是身心疲惫，更有可能出现家庭问题（这是由于他们无暇关注家人所致）。这两种反映都极可能导致教师产生职业倦怠。日前国内研究也发现，工作量过大本身对教师职业倦怠的直接影响可能并非很大，但超额的工作量却可以通过影响教师的职业角色定位及其个人方面的种种因素而间接加剧职业倦怠，因此对此不可掉以轻心。

---

① http://blog.sina.com.cn/s/blog_482a86c40100t6yg.html.

（三）角色冲突

角色冲突是指个体不能满足多种角色要求，因期待而造成的内心或情感的矛盾与冲突。教师是角色冲突的高发人群，一方面它是由教师承担多重角色造成的，比如说教师在学校里面对学生时要充当教师的角色，在家庭生活中又要充当父母、丈夫或妻子或子女的角色，在平等的人际交往中还要充当朋友的角色；另一方面，在"教师"这一职业角色范围内，因为教师所从事的教育活动是一种不稳定的社会活动，随着教育活动在时间、空间上的变化，教师与学生、教育内容以及各种教育环境之间构成不同的关系，教师需要表现出不同的行为，从而扮演不同的角色，这就会产生角色冲突。

【教育课堂】

教师的职业角色冲突

教师的角色内容随着社会发展、科技进步以及知识的增长与更新而不断改变。在我国独生子女的教育过程中，教师更是扮演着微妙的角色。从社会对教师的角色期望来看，心理学家认为，教师要充当知识的传授者、集体的领导者、模范公民、纪律维护者和家长代理人等。如家长和学生对教师的角色期望是知识的传授者，要求教师的知识博大精深，无所不知；将教师看成纪律的维护者，就希望教师严明公正；将教师看作家长的代理人，则要求教师工作耐心细致，对学生关心体贴。而社会中人人对教师应该做什么和怎样做都有自己的看法，这样教师受到各种相互冲突的角色期望的冲击，同时这些角色期望也与教师自我价值观产生对立、冲突。[①]

很多教育研究者和心理研究者都在探讨新时期、新形势、新课改下的教师角色问题，这是时代的要求，因为在这个时代，很多东西都已经变化了。试想，突然有一天，许多平日只注重"教、教、教"的"工匠型教师"和"自我牺牲型教师"们发现本该安静、规矩的课堂变得闹哄哄的，学生们"说而不服"也"压而不服"，他们从根本上已不

①孙运珍，庄诗阳. 当代教师心理现状与职业角色矛盾冲突探析 [J]. 湖北函授大学学报，2006 (3).

再认同教师的价值观念和生活方式，还经常无情地嘲笑老师们的教育行为。很多教师课堂上都有一种手足无措、怒发冲冠之感，每每私下与同行探讨时都发出"时代不同了，一代不如一代"的感喟。殊不知，时代已然不同。伴随着我国社会转型，教师教育工作的背景、作用和对象也骤然发生着巨大变化，这种变化不像以前的那些个别的、局部的变化，而是一次在中国教育史上根本性的、整体性的变化。在这种新形势下，教师们若仍然被传统角色意识所制约，在教育教学活动中满足于知识的传授和单一的道德考评，教师将很难适应现代教师的角色要求。因此，我们要对教师角色重新定位，努力走进新角色，适应新角色。

正视职业角色转变 ╱

随着社会不断进步和教育的改革发展，社会对教师职业必然提出更高的要求，"教师角色应从知识的传授者向学生发展的指导者、促进者转变"，就是这一要求的集中体现。教师作为社会不可或缺的专业工作者，应当伴随着时代发展对自身职业角色与教育行为不断地进行反思和完善，这是广大教育工作者提高自身专业化水平应有的自觉行为。《中国教育报》于2002年进行了一系列题为《当今我国中小学教师心态大型调查》，其中有一项调查名为《当代教师如何看待职业角色的转变》，调查结果显示，新的教学观、新的职业角色以及新的角色行为，正在为越来越多的教师所接受、所实践。

【教育调查】

当代教师如何看待职业角色的转变

新的教学观：教师对教育的价值定位决定着他们的教育行为。调查表明，大多数教师（74.8%）认为学校教育应当促进学生的自主发展，让学生成为学习、实践、创造的主人，而持不同意见的仅为2.4%。以教师为中心的传统观念已经开始动摇，对于"我把知识传授作为教学的主要任务"这一观点，仍有35.7%的教师表示赞同，另34.5%的教师表示无所谓；值得注意的是已经有相当数量的教师（27.9%）

对于传授知识作为教师主业的观点明确地持不赞同态度，反映了随着教育改革发展及教师队伍的不断优化，一种新的、以学生的主动发展为主旨的、兼容多种教学方式的课堂教学观念已经开始成为越来越多的教师的共同信念。

新的角色：广大教师普遍认为，新时期的角色应当从"知识传授者"向"学生发展的指导者、促进者"转变（92%）；向"学者型"、"科研型"的教师身份转变（78.8%）。值得注意的是，小学教师、普通学校教师对这种转变具有较高期待，而重点学校教师及薄弱学校教师则不明显。尽管如此，新时期教师的角色期待已经开始趋向注重教师在促进学生发展中的积极作用，也就是说，教师在传授必要的基本知识同时，还应当是课堂学习活动的设计者、学习进程的组织者、学生自主学习的指导者等。此外，教师还应努力成为研究与创新、终身学习的践行者，才能适应社会发展和知识创新的需要。

新的角色行为：新的角色期待必然要求有相应的教学行为。回应调查的教师们对于以下5个方面的教学行为（在此亦可以称为教学策略）给予了充分的确认：

教师的主要任务是帮助学生学会学习。90%以上的应答者都认为，教师应注重学生掌握学习方法，引导他们养成良好的自学习惯和自学能力。耐人寻味的是，与城市教师及中学教师相比，来自乡镇、农村的教师及来自小学的教师更加强调学习能力的培养。

教学应善于调动学生的求知欲望与科学态度。90%的应答者赞同教师应当学会保护学生的好奇心、发现欲，进而培养学生的科学精神和创造能力。

教学应能促进学生积极参与课堂学习过程。80%的应答者主张教师应善于创设适宜的教学氛围，强调教学活动应能鼓励学习者之间的协作与竞争，激励全体学生争取成功。

教学应鼓励培养学生的求异思维和批判意识。对此，80%的教师都给予充分肯定，其中特级教师群体的赞同比例远高于其他教师。

在如何看待教学参考书问题上，多数教师主张应当更多地依靠自己独立采集、积累。63%的应答教师对于"主要依靠教学参考书进行教学，这样方便、省时"

的观点报以否定态度。而表示赞同和非常赞同的仅有 4%。[①]

　　教育部新近颁布的《基础教育课程改革纲要（试行）》明确要求广大教师要努力成为复合型的教育工作者，即新课程条件下的知识传授者、学生自主学习的促进者、教育过程的研究者。以上对教师的调查结果说明：当前教师对自身的职业角色及其教学行为的认识已经开始发生深刻的变化，这些变化反映出基层教师队伍专业化发展的紧迫需求。角色意识必然要求相应的专业行为去体现，而专业行为的完善、拓展又会驱动教师通过不断学习、探索，逐步内化为新的专业品质。对于现行教育体系来说，为了适应教师角色意识及教学行为转变的需求，我们应该努力为教师创设良好的支持环境。

　　总之，新时期教师转变自身角色行为的需求实质上反映出：在日益变革的社会中，教师要适应教育发展的需求，就必须成为自觉的终生学习者；教师角色转变的普遍要求对我们变革现行的教学管理与评价、教师的继续教育、教育教学研究工作也提出了新的挑战。因此，教师角色行为的转变就成为与教育思想及整个教育体制改革相一致的重要内容。

【教育视窗】

教师专业新形象——钟启泉

　　基于课程创新的教师教育制度创新，是以教师专业形象的重建为前提的。中国传统的教师隐喻——春蚕、蜡烛、春泥、一桶水、园丁，已经不足以勾勒出新课程语境下理想的教师形象了。从教师教育课程标准看，我们关注的教师教育改革的焦点凸显了三个关键词："实践知识"、"专业自律"和"教师集体"。新课程需要确立的理想教师形象是：以经验反思为基础，面向儿童创造有价值的教育经验的"反思性实践家"。因此，探讨教师专业素养不能仅满足于教师的个体层面、心理层面的分析，还需要从教师群体层面、制度层面做出分析：研究教师的自我变革是如何形成的，教师的合作文化又是如何形成的，或者说，

---

①当代教师如何看待职业角色的转变 [N]. 中国教育报，2002-10-3 (2).

作为专业团队的教师集体应当具备哪些素质，又是如何形成的。显然，中国教育界多年来凭借"红头文件"上传下达的官僚型领导方式，以及教师集体的失语症，是同真正意义上的教师集体的形成格格不入的。我曾经批评在中国教师专业化进程中，出现了"工程化驱动专业化"、"行政化驱动专业化""消闲化驱动专业化"、"技术化驱动专业化"的几个误区，使得作为教师专业化的基本要素或基本条件的专业自主、专业对话、专业伦理不复存在或扭曲，那么，其结果只能是"失去专业化"或"反专业化"了。教师教育课程标准的事实不仅意味着教师教育课程本身的变革，也意味着在教育实践层面同形形色色的应试文化——分科主义、形式主义、等级主义、单位主义——展开抗争。[①]

①教师教育改革与教师专业发展——访华东师范大学钟启泉教授 .http://wenku.baidu.com/view/d70ef8b465ce05087632137f.html.

/ 教师自我定位 /

教师要进行职业生涯规划，首要任务就是要找到职业生涯规划的起点。开始一段路程，总要走出第一步。有一句歌词说得好："敢问路在何方? 路在脚下。" 当下当前的自己就是开始职业生涯规划旅程的最好起点，但当下当前的自己是什么样的呢? 我们要进行深刻的描绘，自己的兴趣如何? 性格怎样? 能力水平多高? 价值观指向何方? 对自己的这些了解是为了能更清晰地了解自己喜欢做什么、适合做什么、能做什么、应该做什么。在全面认识自己的基础上，从事教师职业的人还要了解教师的角色如何，只有在清晰明了以上诸多内容，才能为自己做一个合适的自我定位。让我们先看看专家对教师角色新定位的看法。

教师的自我定位对于教师的生涯发展来说意义重大。人们对从事教育行业每天给学生上课的人称为"老师"，称呼一样，但每个教师都有各自的特点。每个教师因持不同的教育理念、不同的教师角色认识、不同的职业价值观等，其发展方向与轨迹都是不相同的。可以说，教师并没有一个整齐划一的模子，优秀教师也不全都一个样子。可以说，每名优秀教师的生涯发展，都是有着一个核心的发展路标的，这就是教师的自我定位。

【教育课堂】

如何做最好的教师——影响教师一生的中外教育家经典感言

陶行知：做好学之师。倘若当教师的，自己天天去研究，有所得，即随时输入于学生，如此则学生受益较多，当教师者也觉得有无穷的乐趣。所以学生求学，固然要"学而不厌"，就是当教员的，要真正做到"学而不厌"。

魏书生：教师要用心去"懒"。教师是干什么的啊? 是找出适合学生阶梯的人。……我上课三不讲：凡是学生能看会的，我不讲；凡是学生查找资料后能学会的，我不讲；凡是班干部能教会的，我不讲。

苏霍姆林斯基：教师，应是精神丰富的榜样。 教师对于学生来说，应当成为精神生活极其丰富的榜样，只有在这样的条件下，我们才有道德上的权利来教育学生，才能承担起教育学生的职责。

赞科夫：做一个富有激情的教师。 我认为，一个优秀的教师，是应该充满激情的。教师本身先要具备这种品质，成功的课堂教学应该是充满感情的教学，教师的教学一旦触及学生的情感领域，就会发挥巨大的作用。

乌申斯基：教师需要有自身的人格魅力。 在教育中，一切都基于教师的人格，因为教育的力量只有从人格的源泉中才能涌现出来，任何规章、任何教学大纲、任何人为的学校机构，无论它考虑得多么周密，都不能代替人格在教育工作中的作用。

罗杰斯：教师即促进者。 学习只能促进，老师只是一个促进者。教师的作用表现为：帮助学生明确他们想要学习什么，帮助学生安排适当的学习活动和材料，帮助学生发现他们所学东西的个人价值，建立并维持能促进学习的心理气氛。

夸美纽斯：教师应是"泛智"之师。 所有人都应当通过教育获得广泛的知识，发展智慧。我们希望一种智慧的学校，即泛智学校，有一个泛智的教师。在那里。人人可以受教育，在那里可以学当前和将来生活上所需的一切学科，并且学得十分完善。

裴斯泰洛齐：教师更是心理专家。 我正在试图将人类的教学过程心理学化；试图把教学与我的心智的本性、我的周围环境以及我与别人的交往都协调起来。……教师要找出一个适合于人类本性的、心理学的、循序渐进的方法进行教育教学。

斯宾塞：做一个快乐的教师。 教育的目的是让孩子成为快乐的人，教育的手段和方法也应该是快乐的。就像一根细小的芦苇管，你从这头输进去的如果是苦涩的汁水，在另一端流出的也绝不会是甘甜的蜜汁。

蒙台梭利：教师是教学中角色的"变脸者"。教师应是一位指导者，教师的作用在于引导儿童的心理活动和他们的身体发展。基于这一点，我把教师的名称改成指导者；教师也应是一位观察者，他必须以科学家的精神，运用科学的方法去观察和研究儿童，揭示儿童的内心世界，发现童年的秘密。

小原国芳：教师应具有哲学精神。好的教师要具有哲学精神：忠实于真理的精神；研究的、批判的、彻底的精神；进步的、创造的、革新的精神；自由、独立、自觉、合理的精神；统一的、系统的精神；理想的、超越的、无我的精神。①

　　以上所述是中外优秀教育家对教育的理解，我们今天读起来真是振聋发聩。当今时代，我们国家正在进行新一轮的基础教育课程改革，其目标导向和要求为素质教育。具体说来，此次基础教育课程改革的目的是针对教育教学中出现的一些问题作深入探讨和分析，以提出有效的教育教学改革方案，完善教育体制，推进素质教育的顺利进行。其中，教师的角色定位问题显得尤其重要，它将直接影响到学生的角色定位、学习方式的转变，以及学校教学目标，教学内容，教学方式，教学模式，教学的组织者、促进者、参与者、研究者等。从一定程度上讲，这种提法符合当前我国社会对人才的要求。当然，这种转变过程非一朝一夕之功，在转变过程中广大教师对教育、对教师、对学生的看法也是仁者见仁智者见智，编者只是把研究者中比较有代表性的观点予以介绍，以飨读者。

教师要成为学生学习和发展的促进者　／

有这样一个故事：

在美国康奈尔大学，著名的卡尔·韦克教授做了一个绝妙的实验。

首先，他把一只瓶子平放在桌上，瓶的底部向着有光亮的方向，瓶口敞开，然后放进几只蜜蜂。只见蜜蜂在瓶子内朝着有光亮的地方飞去，结果当然只能

---

①魏书生.如何做最好的教师——影响教师一生的中外教育家经典感言[M].南京大学出版社，2009.8.

撞在瓶壁上。经过几次飞行后，蜜蜂终于发现自己永远也无法从瓶底飞出来，它们只好奄奄一息地停在有光亮的瓶底处。接着韦克教授把蜜蜂倒出，仍然将瓶子按原先的样子摆好，再放进几只苍蝇。没过多久，苍蝇一只不剩地全部从瓶口飞了出去。它们多方尝试——向上、向下、面光、背光。苍蝇会一头撞上玻璃，但最后总会振翅飞向瓶颈，飞向瓶口。

韦克教授对蜜蜂和苍蝇的实验说明，实验、坚持不懈、试错、冒险、即兴发挥、最佳途径、迂回前进和随机应变，所有这些都有助于应对变化。人类也是如此，有什么样的态度，就会有什么样的生存状态。真正的财富不是金钱的数量、地位的高低，而是思维方式。

在过去很长一段时间里，教师的核心角色被定位于学生知识的传授者，认为教师主要甚至唯一的任务就是把人类长期以来积累的知识经验传授给学生，以此实现学生的社会化和个体化。在当代尤其是在知识经济和基础教育新课程改革的背景下，要求改革教师的这一传统角色观念，使教师成为学生学习和发展的促进者，要求教师从过去的知识传授者的核心角色中解放出来，促进学生以学习能力发展和学习方法改善为重点的个性健康、和谐发展。这是教师最明显、最直接、最富有时代性的角色特征。

作为学生学习和发展的促进者，教师要做到以下几个方面：

- **教师要成为学生学习和发展动机的激发者。**首先要使学生产生学习和发展的内部心理倾向和意愿。教师要通过启发、诱导等手段，使学生产生学习和发展的动机，或者使学生学习和发展的动机由潜伏状态转变为现实的活跃状态。由此实现学生"要我学习和发展"向"我要学习和发展"转变。

- **教师要成为学生学习能力的培养者。**培养学生的能力，尤其是自学能力。教会学生学习，是使学生学会学习、学会生存、进而学会发展的根本对策。

- **教师要成为学生掌握科学学习方法和过程的示范者。**过程与方法的理念是当代一个重要的教育主张，让学生理解科学的学习过程和掌握科学的学习方法也是这次基础教育新课程改革确立的一个重要教学目标。通过教师的示范和影响，使学生理解、感悟和掌握科学的学习方法和学习过程，这对促进学生的学习和发展具有重要的意义。[1]

教师要成为学生未来成长的参谋与顾问 /

传授者是教师传统的职业角色，也是教师的基本职业角色。但当终身教育、终身学习成为生活的一部分时，学生学习的范围不断扩大至社会生活的各个层面，学习成了学生适应社会发展的必要手段，因此，学生的学习不能只停留在掌握某些知识，而应着力于培养能力。正如《学习生存——世界教育的今天和明天》一书中所讲："除了他的正式职能以外，他将越来越成为一个顾问、一个交换意见的参与者、一个帮助发现矛盾论点而不是拿出现成真理的人。他必须集中更多的时间和精力去从事那些有效果的和有创造性的活动，互相影响、讨论、激励、了解、鼓舞。"这就是说，对于一名教师，在学生未来成长的过程中将起到参谋和顾问的作用，他们必须与学生一起共同谱写美好的未来。

未来是相对于现在我们所处的这个时刻而言的未来时间，未来的不可知性使它充满魅力。小学生渴望中学生活，高中生渴望大学生活，大学生恨不得立刻冲到社会上去实现自己的抱负。教师绝对不能对受教育者未来的生活一无所知，他们要成为学生未来生活的引领者，就要让学生感到未来并不是那么遥不可及，要将未来引入课堂。教师可以根据对未来社会发展前景的预测，通过所设计的教育计划、教育教学活动，使学生不仅能够科学地预见未来，还能大胆地构想未来、创造未来。当学生感到困惑、迷茫，教师要适时充当学生的引导者和领路人；当学生做事偏差误入歧途，教师要及时提醒学生悬崖勒马……教师的职能不仅限于课堂上讲台上，他们也是学生人生中很重要的不可或缺的角色之一。

---

①刘晓东,褚远辉.新课程改革与教师传统职业角色的转变[J].教师教育研究,2006(6)下.

把阳光种入学生和自己的心灵

1997年至2000年，从高一到高三，我精心打造具有自己风格的班级。虽然不是重点班，但是我要求学生志向高远，与省级最好的高中生争高下。平时我和学生谈人生、谈理想，借此激励学生的斗志，立志做"人师"。有同事认为我拿二三流的生源和一流生源的学校竞争，简直是异想天开。但我深信：老师对学生的殷殷期盼，学生一定会感悟并体会得到，这将会激发他们潜在的成才愿望。

班上有11人来自单亲家庭，我对他们更是格外关注。学生小亚（化名）的父母在外地各自组织家庭，他和年迈的爷爷奶奶相依为命，性格孤僻。当他在作文里流露出"亲情如此冷淡，在这个世界上，还能够相信谁"的悲观情绪时，我当即便字斟句酌地写了几页深情的评语，让他感受到这个世界虽然有欺骗、薄情，但是不乏阳光与真诚、善良与温情。后来他在一篇题为《我与学校》的作文中写道："过去曾有老师讽刺挖苦我'情商低'，于是我害怕学校，讨厌学校，不愿意来学校。如今班主任夸奖我懂事，重感情，我终于把'情商低'的帽子甩到了太平洋。我喜欢学校，我愿意在学校这座熔炉里将自己锤炼成一块优质钢。"

在高三最紧张的时刻，我几乎每晚上都要给他打电话，提醒他注意提高学习效率并劳逸结合。在高考考场外，我对每一个学生叮咛：要沉着、冷静，以发挥最高水平。对他给予的关注更多一些。

最终，我班以97.5%的升学率刷新具有45年历史的学校纪录。小亚以优异的成绩夺取高考省"理科状元"，被清华大学录取。

当一家旅行社将价值2680元的旅游票赠给他作为奖励时，他诚恳地对经理说："把这张票赠给我的班主任老师吧！她在思想、学习、生活上对我都很关心。今天，我能考上状元是与她的关心教育分不开的。"

他特意到电视台为我点了我最喜欢听的《三百六十五里路》，并在市电视台根据我的业绩拍摄的专题片《绚丽的霞光》中高唱一曲《祝你平安》，以感谢老师的栽培之恩。

如今已经取得清华硕士学位的他在北京工作，只要有空就给我发邮件，打电话真诚地问候我，他将刻有清华校训的镀金书夹寄给我。他说："愿您的一生都充满精彩美丽，生命中的学生会在远方祝福您！"[1]

教师要成为一名终身学习者 /

构建学习型社会是历史的必然选择。荀子是我国历史上最早提出终身学习思想的人，他在《劝学》中写道：学不可以已。意思是说，学习是一件永远也不能停止的事情。近代著名教育家陶行知倡导终身教育，他主张"活到老，干到老，学到老，用到老"。1965年，时任联合国成人教育局局长的法国著名教育家保罗·郎格朗提出终身教育理论，自此，终身教育成为全球性的教育运动。1994年，联合国教科文组织在意大利举行了"首届世界终身学习会议"，提出了终身学习是人类二十一世纪的生存概念。终身教育的理念被越来越多的人接受，终身学习成为时尚。当今世界，科学技术突飞猛进，知识经济扑面而来，知识更新的周期不断加快，国际竞争日趋激烈，人才资源在增强国力方面显示出越来越重要的作用，教育越来越受人们重视，而处于现代社会中的人，学习是不能一次性完成的，需要继续教育、终身教育，终身教育是现代社会的产物。

由于信息源的急剧增多，知识更新速度加快，学习型社会的兴起、终身学习的发展都要求教师成为终身学习者。现在大多数人都会赞同，在现今这样一个知识更新比换衣服还快的年代里，"活到老、学到老"显得比以往任何时代都要重要，甚至"会不会学习"已经决定了你"能不能生存"。"一朝学成，终生受用"这种观念，已无立锥之地。

【教育课堂】

教师终身学习的必要性

"教给学生一杯水，教师必须有一桶水"，这是千百年来社会、学校和家庭达成的共识，也是教育发展的内在规律，教师的职业要求教师不断学习。

[1]刘祥，刘恩樵.与优秀教师同行[M].华东师范大学出版社，2008.7.

随着我国全面建设小康社会步伐的加快，教育理论和实践的发展、现代教育技术的更新尤其是网络媒体的崛起，学生获取知识的渠道远远不止课堂教学一种形式，学生的道德观和价值观也日趋多元化，教师要想维护其在知识上的权威地位，并在世界观、人生观、价值观的形成方面正确引导学生，教师拥有"一桶水"已远远不够了，教师应该是"一条奔腾不息的河流"！

伴随节约型社会的创建和教材的循环使用，课本会相对固定多年，但也注定了教材不能第一时间体现与反映日新月异的社会新变化与科技发展的最新成就，同时，教材还很难顾及不同地区、不同学校、不同学生的差异与需求，课程目标的实现需要教师不断学习。教师要学为人先，与时俱进，生命不息，学习不止，做适应时代要求的学习型教师。①

只有当教育者自觉地完善自己时，才能更有利于学生的完善和发展。"没有教师的生命质量的提升，就很难有高的教育质量；没有教师精神的解放，就很难有学生的精神解放；没有教师的主动发展，就很难有学生的主动发展；没有教师的创新教育，就很难有学生的创新精神。"教师要进行终身学习，有很多途径，如读书、培训、反思、与有经验的教师交流等，尤其当今时代网络迅速发展，也为教师的终身学习提供了一条便捷的途径。

Blog：教师终身学习的平台

Blog 是 Weblog 的简称，常被意译为"网志"、音译常为"博客"。Blogger 则指写网志的人，Blogging 指写网志的过程和行为。Blog 简单，人人能用。从功能特点来说，Blog 以时间为序，组织每天的内容，还可以通过网络留言、引用跟踪等构起以个体自主学习为中心的松散结合网络虚拟学习社群；另外，Blog 提供的简单易用的多种文档归类和检索查询功能，使得 Blog 可以很好地充当简单的个人知识管理工具。

数字学习技术的倡导者毛向辉在他的文章《Blog 将成为教育中的重要工具》中说，Blog 不仅能够及时写录、发布，还具有分享功能，能够将个体的自主学

①陈艳、李宜君. 我的职业我做主——教师职业生涯规划 [M]. 乌鲁木齐：新疆青少年出版社，2009.12.

习与周围的群体学习进行交流和互动，从而进一步提升个体的学习能力；另一方面，随着个体 Blog 内容的不断积累，学习者可以进行回顾，品味过去所写的内容，修正自己理解的偏差，不断进行反思，加深体会和感受，这样的过程不断延续，就会形成终身学习的习惯。

Blog 为教师的终身学习搭建了一个广阔的平台和通道。要培养具有终身学习能力的学习者，作为教师，首先要使自己具有终身学习的能力、学会学习的能力。同时教师专业化的发展，对教师自身学习能力提出越来越高的要求，教师不仅要具有专业学科知识，还要具有教师专业技能和教师专业情意，所有这一切都要求教师要加快自身学习的速度。

Blog 促进了教师之间的经验交流和知识分享，打破了传统的信息隔离难以沟通的状态。通过 Blog，使得有经验的教师的隐性知识能够被保存和传播，年轻的教师可以站在前人的肩膀上更上一层楼，在这里 Blog 起到了知识的纵向传承的作用。另外，通过 Blog，还可以形成横向的交流社区或主题社区，分享交流教学中的心得和体会。

Blog 使得教研工作的开展更容易。Blog 将我们的高效专家资源与一线教师的实践经验紧密地关联在一起，使得高校的研究更实际，一线的行动更理性。Blog 让我们的教研工作从理论走向实践，从实际走向理论，而且 Blog 上所记录的信息，无疑是我们进行研究的第一手珍贵材料。

Blog 如何应用？如果你是新手，在下面提供的网址中任选一个，直接注册即可：Yourblog：http：//www.yourblog.org；博客动力：http：//www.blogdriver.com；博客龙：http：//www.bloglong.com；中国博客：http：//www.blogcn.com。[①]

教师要成为一名教育研究者 ∕

苏霍姆林斯基曾说："如果你想让教师的劳动能够给教师带来乐趣，使天天上课不至于变成一种单调无味的义务，那你就应当引导每一位教师走上从事研究这条幸福

①庄秀丽.Blog：老教师终身学习的平台 [N].中国教育报，2006—4—26 (6).

的道路上来。"而长期以来在我国，无论是教育理论还是教育实践都把教师特别是中小学教师都定位于知识的传授者，认为中小学教师的职责和主要任务就是把人类长期以来积累的知识经验传授给学生，从而实现科学知识的再生产，而教育科研则与中小学教师无关。很多中小学教师自己也认为自己的工作中并无"科研"二字，他们对于教育科研的认识非常模糊。

【教育课堂】

中小学教师对教育科研的错误观念

- **神秘论**：认为教育科研高深莫测，自己无能，也无力从事教育科研工作。

- **无用论**：一些教师认为开展教育科研纯粹是上级教育主管部门和学校对自己的要求，是一种赶时髦，从事教育科研对他们的教育教学工作并没有直接的帮助，把从事教育科研看成是一种对工作无实际价值的"花架子"。

- **负担论**：一些中小学教师认为，自己本身就负担了非常繁重的教学和学生管理工作，承受着很大的社会压力，根本就没有时间和精力从事教育科研。

- **无条件论**：一些中小学教师认为自己没有从事教育科研的素质和条件等。

这些观念阻碍了教师成为研究者，长期以来他们只是教育科研的旁观者和教育科研成果的消费者，久而久之，教师也就成了"教书匠"。[1]

俗话说，做一行，爱一行，精一行，做教师就要做一名研究型教师。其实研究工作对于教师来说，并不是什么神秘莫测高不可攀的东西。就其本来的基础来说，教师的劳动就是一种真正创造性劳动，它是很近于科学研究的。这种接近和类似之处，在于它们都需要分析事实和有预见性。一个教师只要深入思考事实的本质，思考事实

96

---

[1]刘晓东，褚远辉. 新课程改革与教师传统职业角色的转变 [J]. 教师教育研究，2006.(6) 下.

之间的因果联系，他就能预防许多困难和挫折。

【教育案例】

努力做一名研究型教师

——苏州市小学学科带头人夏静教育生活散记

夏静老师，本科学历，小学高级教师。1994年中师毕业后到宝带实验小学工作，现任校长助理、人事秘书兼教科室主任。在十多年的工作中，她真心关爱每一位孩子，耐心教导每一位孩子，悉心照顾每一个孩子；她用心研究教育教学，潜心教育科研领域，专心进行教育实践；她倾心教育事业，全心耕耘，尽心付出。十几年如一日驻守在教育一线的她也先后获得吴县市优秀班主任、吴县市优秀辅导员、吴县市教育系统优秀共产党员、吴县市特殊教育先进教师、吴县市"教学能手"、吴县市小学青年教师语文学科带头人、吴中区好师徒、吴中区小学先进教研组长、吴中区首届教科研新秀、吴中区教育科研学术带头人及苏州市教育科研先进工作者、苏州市优秀教育工作者等荣誉。新近被命名为苏州市小学学科带头人（教育科研类）。

学习——丰厚自己，为研究奠基

她一向认为，自己从事的是小学教育教学工作，所进行的研究绝大多数是基于教育教学经验的研究，而没有足够的理论底子，更没有多少研究的经验，要使自己从事的研究有所成绩有所突破有所超越，就必须不断提高自己的理论素养和研究素质。成全自己进行教育科研的需要，学习，不断地、努力地学习是她自己选择的一条艰苦的路。

学习理论，唯一的方法是沉浸其中，饱受浸润。她每天在完成工作的前提下千方百计安排出时间读书。从《教育研究》、《中国发展研究》等核心刊物上了解教育科研动态和教育科研的最新成果，对于有研究导向的论述之作必定篇篇精读，句句研读，反复品味，做好摘录，甚至写下心得；平时稍有空余就拿出自己订阅的教育教学杂志阅读、浏览，针对自己正在教学和研究的内容就用笔勾画出来，读到自己有共鸣处和有感受处，便随手做上批注；每天晚上规定自己必须阅读半小时理论书籍，经年累月，积少成多，《心理学》、《教育学》、《大教学论》等等各种论著就在每天半小时中变薄，积累成自己的教育思想；每月去一次书店购买教育理论专著，不断为自己的读书时间提供充分的养分，不断为自己的学习补充活水，不断为自己的实践研究增加能量，不断为自己的行动发现新能源。她在读书中解读"巨人"，也在读书中丰厚"自我"。

让自己的研究起点高一些，使自己的研究价值大一些，她的选择是不断学习，充分借鉴，在学中做。对于学校给予的学习机会总是牢牢把握，各级教科研培训活动都积极参加，所有的讲座、经验报告都洗耳恭听。任何一次培训学习活动她都做有心人，专心听讲座，认真记笔记，尽力完成每一次培训中的作业。每参加一次学习活动，都尽量加入自己的思考，写成培训心得，力求在学习中不断吸收各种知识，使自己涵泳容蓄，不断丰满自己的科研底蕴。聆听了中央教科所、省教育科学研究院，市、区教科研单位等多位专家、领导的讲座，她对教科研的认识加深了，也丰盈了进行教育科研工作的基础。

实践——锻造自己，为研究奉献

她以课题为导引，把自己的语文教学融入研究之中，做到教学即研究，实践即研究。她的头脑十分清醒：进行教育科研工作来不得半点浮躁，不能草上飞，要善于独立思考，更要潜心耕耘。在区教科研的领导、专家、老师的指导下，在负责"十五"学校第二轮主课题"小学校本课程的开发与研究"的研究工作中，她先与学校的科研骨干一起学习课程理论，把《校本课程论》和《新课程论》啃了下来，了解国内外的课程研究背景和当前研究状况，然后确定我校校本课程开发的主攻方向，认真地制订课题研究方案，按照科研申报规程逐层申报，最后课题被省教科院批准为立项课题。在课题的研究过程中，她以课堂教学为根本阵地，严谨地组织教师开展研究活动。

比较——开阔自己，为研究升值

她总是利用平时参观、考察和学习的机会，关注其他学校和教师的教育科研情况。通过横向比较，结合自身实际找差距，通过与其他老师的互相交流，借鉴别人的成功做法，指导自己的教育科研，汲取新经验新理论。以此来使自已少走弯路，达到事半功倍的效果。她说，跳出科研看科研，眼界会更加开阔，并能有效防止因闭门造车而导致思想观念的褊狭和枯竭。以距离感来重新审视教育科研的背景、现状和趋势，一定会有更新的启发和把握。

收获——成就自己，为研究喝彩

近 3 年间，她上过各级公开课 20 余次，研究论文在各级各类杂志发表、获奖 10 多篇。同时她尽量帮助本校青年教师尽快成长，在教育科研的园地中茁壮，也辅导其他学校的青年教师的教育科研，为市区内的其他学校进行过课题研究的介绍和自己成长的汇报，为西藏拉鲁小学和太原五一小学等五所山西太原市的小学提供了学校的科研经验，2007 年下半年她到宿迁南蔡小学支教，为支教学校教师进行教科研培训，她与省教科院的专家和领导进行了交流和汇报，与教育科研专家涑传大教授进行了课题研究的探讨，她送教下乡，与乡镇教师一起研讨……她的研究视野不断开阔，研究素养不断增强，研究环境更加和谐，真正使自己成为一名研究型的教师。[①]

以上所述只是教师职业角色定位中教师应具有的最有代表性的角色。总之我们已经意识到，变化的时代需要变化的教育，变化的教育需要新型的教师。曾经使人心满意足的旧观念，已经不足以满足新世纪教育的需要了。对教师这一角色的重新定位，是积极探讨现代教师成长、发展的方向，当然，也为教师职业生涯规划选定了前进的方向。

① http://www.bdxx.com/web/ReadNews.asp?NewsID=1763 选编.

教师职业生涯规划的发展路径：教师专业发展

　　认识自己是教师职业生涯规划的开始，教师在认清自己的各项特点以及明确教师职业角色定位之后，就会明了自己是什么人以及要成为什么样的教师。就好像一位长跑运动员站在了起跑线上，不同的是教师抵达终点的路线是可以自己选择的。不同的教师由于其有不同的教学经验、不同的教学理念、不同的教学实践以及在漫长教学生涯中遇到的不同随机事件，其生涯发展或许都是不同的，但有个道理，叫作"殊途同归"，教师们之所以成长为"优秀教师"、"特级教师"、"名师"，都是由于他们获得了自己对教育的理解，获得了长足的专业发展。教师专业发展，是教师职业生涯规划的发展路径。如果你站在了起跑线上却不知往哪里走，那么就来了解教师专业发展吧。

　　教师专业发展是教师个体社会化的重要内容，它与教师的职业生活密切联系在一起，其重心在职后，是贯穿个人职业生涯的一个持续不断的动态过程。随着世界范围内教育水平的不断提高，教师的专业发展越来越受到公众的重视。在促进学生主动、合作、探究学习的同时，教师自身如何发展？这不仅是一线教师非常关心的一个实际问题，也是教育研究界面临的一个重要理论问题。随着基础教育课程改革的加速推进，教师如何提高自我专业发展的意识和能力，以便更有效地促进学生全面、健康、和谐的发展，这更是基础教育面临的一个迫在眉睫的问题。

/ 认识教师专业发展 /

在诸多教育改革的政策与实践中，各地学者都认识到教师专业发展的重要性。如果要使学生取得更大的进步，教师专业得到持续、高质量的发展是必要的。国外有研究者指出，如果要为学生在日益复杂的世界中做好生活上的准备，学校成员的专业发展以及组织的重要变革都是必要的。教师专业发展在所有教育改革策略中居于中心地位，如果没有它，改革策略就仅仅只是理想而不能变为现实。从这个意义上来说，教师专业发展是学校发展和教育改革成败的关键。

何为教师专业发展 ／

（一）教师专业发展的概念

教师专业发展研究始于 20 世纪 60 年代的美国，兴盛于 20 世纪 70、80 年代的欧美。20 世纪 90 年代后，逐步成为我国教育领域研究的热点。对于教师专业发展的概念，不同的学者有不同的看法。

【教育课堂】

教师专业发展的多种内涵

• **哈格里夫斯和富拉恩（Hargreaves&Fullan）**：教师发展可以从知识与技能的发展、自我理解和生态改变三个方面来解释。

• **伊文思（Evans）**：提出教师发展最基本的是态度上和功能上的发展。前者是教师在态度商定改善过程，后者是专业表现改善的过程。

• **霍伊尔（Hoyle,E.）**：教师专业发展是指在教学职业生涯的每一阶段教师掌握良好专业实践所必备的知识和技能的过程。

- **格拉特霍恩（Glatthorm,A.）**：认为教师发展即"教师由于经验增加和对其教学系统审视而获得的专业成长"。

- **佩里（Perry,P.）**：认为"就其中性意义上来说，教师专业发展意味着教师个人在专业生活中的成长，包括信心的增强、技能的提高、对所任教学科知识的不断更新拓宽和深化，以及对自己在课堂上为何这样做的原因意识的强化。就其最积极意义上来说，教师专业发展包含着更多的内容，它意味着教师已经成长为一个超出技能的范围而有艺术化的表现，成为一个把工作提升为专业的人，把专业知识转化为权威的人"。

- **戴（Day）**：教师专业发展包含所有自然的学习经验和有意识组织的各种活动，这些经验和活动直接或间接地让个体、团体或学校得益，进而提高课堂的教育质量。教师专业发展是一个过程，在该过程中，具有变革力量的教师独自或与人一起检视、更新和拓展教学的道德目的；在与儿童、年轻人和同事共同度过的教学生活的每一阶段中，教师不断学习和发展优质的专业思想、知识、技能和情感智能。他们的学习和发展具有批判性，因为教师不只是知识和技能的受容器。

- **利特尔（Little,J.W.）**：对教师专业发展的研究有两种截然不同的路径。其一是教师掌握教师复杂性的过程，这些研究主要关注特定的教学法或课程革新的实施，同时也是探究教师是如何学会教学的，是如何获得知识和专业成熟的，以及如何长期保持对工作的投入等。其二是侧重研究影响教师动机和学习机会的组织和职业条件。

- **我国台湾学者罗清水**：教师专业发展乃是教师为其提升专业水准与专业表现而经自我选择所进行的各项活动与学习的历程，以促进专业成长，改进。

综合以上国内外学者对教师专业发展的看法，我们可以看出，教师专业发展不仅是指教师的教学技能的不断进步和提高，而应该是教师在知识、理念、能力、情意、信仰等多个层面的发展，大致涵盖专业知识、专业技能、专业精神三个层面。总的来说，我们可以把教师专业发展理解为教师不断成长、不断接受知识、提高专业能力的过程。

它包含教师在职业生涯过程中提升其工作的所有活动。在这一过程中，教师通过不断的学习、反思和探究来拓宽其专业内涵、提高专业水平，从而达至专业成熟的境界。教师专业发展强调教师的终身学习和终身成长，是职前培训、新任教师培养和在职培训、直至结束教职为止的整个过程。教师专业发展不仅包括教师个体生涯中的知识、技能的获得与情感的发展，还涉及与学校、社会等更广阔情境的道德与政治因素。

【教育课堂】

教育的意义和教师专业发展

什么是教育？"教育本身就意味着一棵树摇动另一棵树，一朵云推动另一朵云，一个灵魂唤醒另一个灵魂。未能引起人的灵魂深处的变革，就不能称其为教育。"

由此可见，教育的意义就在于一种精神之间的召唤。它是教师与学生之间发生的事情，就像孔子、苏格拉底和他们的学生、我们和我们的学生之间所发生的事情一样，仅仅是所有这些互动的发生才有了教育。如果没有这些，仅仅有校舍、楼房、设备、电脑甚至教材、课标等可以在教师和学生之外准备或获得的东西，我们能说教育的存在吗？所有这些都是教育的环境条件，它们参与了教育意义的发生，但真正的教育意义只有在那种精神的触动发生的时候才是存在的。

这是直面教育本身、直面教育本身的实践性质，在实践领域而非认识领域寻求对教育的理解。

以实践为取向的教育理论建构就是为了保持教育实践本身的充盈、丰富和生动。尝试以意义而不是以概念作为这种理论建构的单元，正是因为实践比认识丰富，意义比概念丰富。意义，恰恰以它的开发、关系和生产性质为实践理论提供着这种充盈、丰富和生动。所以，索尔蒂斯说："课程不再是跑道，而成为跑的过程本身。"海德格尔说："存在不是 being 而是 to be。"从动名词到不定式，或者说，从名词到动词，所要做的就是恢复事情本身生成、变动的无比丰富的意义。

从名词到动词的变换，意味着一种变革——教育的理念正在经历从传统的认识体系走向实践体系的变革。这种变革对于理解教师专业化具有重要的意义。在从名词到书本的体系里，教师专业化是没有真正立身的地位的。对于教师专业化的种种疑惑、质疑，究其根本，或许都可以追溯到这个从名词到课本的传统中，因为我们所教授的知识不是我们的发明和创造，而是他人的成果。我们的工作仅仅是一种中介性质的传递，因而不具有研究、创造的性质，总是处于从属的、被动的、被支配的地位。但是，当我们关注的中心从这个名词到书本的体系转向一个动词所展开的意义和实践的过程，这种传统就被动摇了。每一个知识都是有意义的，每一个知识的意义都是它在与人相遇的时候才会显现。教师的工作就是使这意义得以显现，它不是呈现知识的静态的平面，而是一个不断发生着的意义实现的过程。教育就是这样一个充满意义的世界，教育就是在教师和学生之间发生着的一系列的生活联系、故事和事件，教育的意义就是在教育发生的现场显现着、实现着。教师工作的专业性质才因此具有了真正不可替代的基础。①

（二）教师专业发展的内涵解读

1. 教师专业发展内涵之一——教师是专业人员

教师是否应该专业化，对于这个问题曾经有过较长时间的争论。1966年联合国教科文组织在《关于教师地位的建议》中提出，应当把教师工作看成一门专业，因为教师是一种服务公众的形态，要求教师具有专门的知识和特殊的才能，这些都要教师经过长期持续的努力与研究，才能获得与维持。

传统观念认为，学者即为良师，只要有知识、有学问就可以做教师，但他们没有意识到一个合格的教师不仅要有知识和学问，还要有与教师职业相应的品格和技能，有对教育规律和儿童成长规律的深刻认识，有不断思考和改进教育工作的意识和能力。知识经济时代的到来，使教育面临着深刻的变革，更直接地显示出教育对维系人类生存的本质意义。为此，教师要探讨育人规律，反思自身的教育实践并不断完善自己的

---

①王志江. 教育的意义与教师专业发展[J]. 现代教育报，2010-12-3.

教育行为。这样，教师的专业就凸显出来，教师成为专业人员就成为教师职业发展进程中的必由之路。

另外在传统教育理念中，教师只是知识的传递者，无论是从技术上说还是从科学的创造性上说，教师都不被认为是一个专家。在教育学教材中，对教师的知识结构的表述为：精深的专业知识、广博的文化科学知识、丰富的教育科学知识。这样，教师职业的专业性质就被掩盖了。今天我们认为，教育学科应该被看作是教师共同的专业，教育应该被看作是教师共同的专业特性。

【教育课堂】

教师要把教育作为自己的专业

教师只有深刻、全面、完整、系统地掌握教育科学知识，并把教育真正作为自己的专业领域，才能：

彻底改变固有的知识本位与学科本位；

在错综复杂的教育情境下做出最佳的教育行动角色，反思并根据行动结果灵活地调整自己的行动策略；

完整地考虑教育情境的各个层面，理性地与学生沟通、互动，接纳他人的不同意见，具有专业自信；

主导教育改革，并对自己的同事产生专业取向的影响力。[①]

2. 教师专业发展内涵之二——教师是发展中的人

"教学相长"一直就是教育的理想之一，在师生共同生活的课堂中教学相长，学生在教师的发展中成长，教师在学生的成长中发展，这是一幅多么生动的画面啊！然而翻翻教育学的经典教材，读读教育家的经典理论，我们发现他们多数都只强调了学生的成长和发展，忽视了教师的成长和发展，难免教师会有自我迷失之感。

①韩冬云. 教师专业发展的内涵、问题与趋向 [J]. 辽宁教育研究，2005 (3).

教师培养迷失在何方？

从师范生到教师的身份转变可以说是一些年轻教师的共同困惑。上海师范大学副校长项家祥日前在接受记者采访时表示，现在的师范生大多是独生子女，在表扬和呵护中长大，自我意识较强，欠缺主动关爱学生的精神。此外，与以前相比，现在的师范生有不少主观能动性差，大学期间对学问钻研程度不够，因此进入教师岗位后明显感到后劲不足。

华东师范大学教授崔允漷对此表示赞同。作为国家课程改革专家组核心成员、课程研究专家，他认为，除了师范生自身原因外，教师培养也需从课程的角度进行反思。"现在社会、家长对教育的关注和干预程度明显高于过去，这对教师的适应能力提出了更高要求，新一轮基础教育课程改革的实施也对教师专业素养提出了严峻挑战。而我们的教师培养却过于传统，新内容融入不足，难以满足现实需要。"

他向记者提供了他和他的同事所做的《全国教师教育状况调查报告》，借以说明这一问题。

"老三门"打天下

崔允漷告诉记者，调查报告形成的主要依据是一份样本遍布除西藏外全国所有省区的调查问卷，调查对象包括在校师范生、在职教师、教师管理者和教师教育研究者。此外，课题组还通过其他途径收集了全国160多所师范院校的教师培养方案，了解我国教师教育整体的培养模式、课程设置和实施情况。

调查显示，教育学、心理学、学科教学法等"老三门"和教育技术仍然是当下教育类课程中的主要组成部分，现行教师教育课程的总体满意度不高，只有35.4%的被调查者表示"满意"或"基本满意"。

课程类型过于单一和教学方式过于简单是教师教育难以让人满意的原因。据崔允漷了解，各校开设的教师教育课程绝大部分都是以"学科"命名，缺乏整合和灵活性，几乎是必修课程一统天下，而且这些课程在大部分学校都被当作公共课，与政治、英语、体育等一起开设。"这些课程在内容上脱离学生需要和学术前沿，也与基础教育改革有一定距离，许多学生都是为了考试而学。"崔允漷评价说。

教育实践环节不足

最让课题组感到担心、也是新教师们最感到遗憾的是教育实践课程的不足。调查发现，即使把见习时间和实习时间加起来，各类培养模式中的教育实践没有一个超过 12 周，中学教师培养平均只有 7 周。但就是这么短的时间在实际中也要再打个折扣，因为在实习中，一般都是几个实习生同在一个班级完成参与教学、班级管理、教研活动等各项任务，短促的教育实践很难给学生足够的"临床"经验。

因此，几乎所有被调查者都认为，应该加强教育实践课程，延长教育实践的时间。"适当延长，可让师范生多方面了解教师这项工作所涉及的范围"，"教育实践在短时间内起不到良好的效果"，"时间可增长些，因为教育专业的理论更需结合实践，才能体悟更深，像医生实习期一般都是 1 年"，被调查者如是说。另外，被调查者还提出，教育实践应分散进行，并增强教育实践的反思性。

专业素养教育欠缺

调查中，大部分人认为教师教育课程对教师专业素养的形成价值不大，只有 5.8% 的人认为"有价值"，另有 36% 的人选择了"基本有价值"。他们普遍认为，现有的教师教育课程"没有关注专业信念和责任"，其中，师范生在"正确的教育观"、"支持学生学习的知识和技能"、"亲历学校教育的实践"和"反思性实践的体验"等几方面的专业素养最为缺乏。

为了解师范生和教育工作者对教育课程的需求，课题组提供了 19 门课程，让被调查者从中选出最想学的。结果表明，"儿童发展"排在首位。

"这正说明，我们的教师教育缺乏对儿童发展的足够重视。"崔允漷说。他认为，教师是儿童学习的促进者，儿童发展是教师工作的出发点与归宿，所以在教师培养中，必须把社会进步对儿童发展的新要求和儿童研究的最新成果纳入进来，引导教师在学习和工作中通过多种途径观察、倾听、研究儿童，尊重、理解、热爱儿童，以促进每一位儿童全面而有个性地发展，这样教师在帮助儿童发展的过程中才能实现自身专业发展。[①]

在教师专业发展的过程中，中心应该是教师的专业成长，即一名教师的职业理想、职业道德、职业情感、社会责任感、教育实践能力、教育经验等不断成熟、不断提升的过程。教师的专业成长集中代表了教师发展的意义。因此有专家认为，教师职业的社会化是贯穿个人全部生涯过程的。

教师专业发展的结构

教师专业发展结构被看成是"教师拥有情境的知识、能力和信念的集合，它是在教师具有优良的生存特性的基础上经过正确而严格的教师教育所获得的。"了解教师专业发展结构，是研究教师专业发展的基础。目前，对教师专业发展结构的认识有很多，主要集中在以下三个方面：专业知识、专业能力、专业情意。

（一）专业知识

教师的专业知识和专业能力是教师专业发展的基石。教师的教育教学工作离不开其专业知识的支持。随着知识经济的到来，知识总量呈几何级数迅猛增长，人们对教师知识的要求也是越来越高。教师不仅要具备自身所教学科的学科知识，还要具备与自身所教学科相关的学科知识以及广博的人文基础知识。

有学者对教师应具有的专业知识进行了总结，将教师的知识分成了两大类："理论性知识"和"实践性知识"。前者通常可以通过阅读和听讲座获得，包括学科内容、学科教学法、课程、教育学、心理学和一般文化等原理类知识；后者包括教师在教育教学实践中实际使用或表现出来的知识（显性的和隐性的），除了上述行业知识、情境知识、案例知识、策略知识、学习者的知识、自我的知识、隐喻和映象外，还包括教师对理论性知识的理解、解释和运用原则。前者通常停留在教师的头脑里和口头上，是教师根据某些外在标准认为"应该如此的理念"；后者是教师内心真正信奉的并在日常工作中"实际使用的理论"，支配着教师的思想和行为，体现在教师的教育教学行动中。

①教师培养迷失在何方 [N]. 中国教育报，2006-12-2 (1).

教师职业生涯规划的发展路径：教师专业发展

教师具有的知识分类

伯利纳：教师的知识包括学科内容知识、学科教学法知识、一般教学法知识。

斯腾伯格：教师的知识包括内容知识、教学法知识（具体的、非具体的）、实践性的知识（外显的、缄默的）。

舒尔曼：教师的知识包括学科内容知识、一般教学法知识、课程知识、学科教学法知识、有关学生的知识、有关教育情境的知识、其他课程的知识。

格罗斯曼：教师的知识包括学科内容知识、学习者所学习的知识、一般教学法知识、课程知识、情境的知识、自我的知识。

考尔德黑德：教师的知识包括学科知识、行业知识、个人实践知识、个案知识、理论性知识、隐喻和映象。

申继亮：教师的知识包括本体性知识（学科知识）、条件性知识（教育学、心理学知识）、一般文化知识、实践性知识。

傅道春：教师的知识包括原理知识（科学原理、一般教学法知识）、案例知识（学科教学的特殊案例、个别经验）、策略知识（将原理运用于案例的策略）。[①]

（二）专业能力

教师在有了一定的专业知识后，也必须具备相应的专业能力。教师专业化是教师教育永恒的主题，如何使即将成为教师的师范生具备基本的专业能力，如何使新教师走向专家型教师之路，对于这个问题，我们要好好回答。随着社会的变化和发展，社会对教师专业能力的要求也在不断地提高。教师也要不断提升自己的专业能力，以回应新的时代以及学生对教师提出的要求。

【教育课堂】

几种有代表性的教师能力结构

• 邵瑞珍：教师的能力结构包括思维的条理性和逻辑性、口头表达能力和

---

①陈向明. 实践性知识：教师专业发展的知识基础[J]. 北京大学教育评论，2003（1）.

组织教学能力。

• 陈顺理：教师的能力结构包括：

• 对教学对象——学生的调节、控制和改造的能力。其中包括了解学生的能力、因材施教的能力、启发教学的能力、教会学生的能力、组织管理学生的能力。

• 对教学影响的调节、控制和改造的能力。其中包括对教学内容的加工处理的能力、对教学方法手段的选择运用能力、对教学组织形式合理运用的能力、言语表达能力、检查教学效果的能力。

• 教师自我调节控制的能力。包括较强的自学能力、较强的自我修养能力、敏感地接受反馈信息的能力。

• 曾庆捷：教师的能力结构包括信息的组织与转化能力、信息的传递能力（语言表达能力和非语言表达能力）、运用多种教学手段的能力、接受信息的能力。

• 孟育群：教师的能力结构包括认识能力（思维的逻辑性、创造性）、设计能力、传播能力（语言表达能力、非语言表达能力、运用现代教育技术的能力）、组织能力、交往能力。

• 罗树华：教师的能力结构包括基础能力（智慧能力、表达能力、审美能力）、职业能力（教育能力、班级管理能力、教学能力）、自我完善的能力、自学能力（扩展能力、处理人际关系的能力）。①

（三）专业情意

教师的专业情意是教师专业行为的心理倾向，它比一般心理学意义上的愿意、喜欢、向往的态度有更深刻的含义和更高的境界，是基于对所从事的教师专业价值、意义深刻理解的基础上形成奋斗不息、追求不止的一种精神。教师的专业情意也是教师对教育、教育学专业的一种深厚感情，教师专业化的成熟境界意味着专业情意的健全。

①郝敏宁. 影响教师专业发展的因素分析——兼论促进教师专业发展的策略 [D]. 陕西师范大学硕士学位论文. 2007.5.

教师职业生涯规划的发展路径：教师专业发展

教师专业情意体现在哪里？

- **专业理想**：教师的专业理想是教师对成为一名成熟的教学专业工作者的向往与追求，具有专业理想的教师对教学工作产生强烈的认同感和投入感，愿意终生献身于教育事业。

- **专业情操**：教师的专业情操是教师对教学工作带有理智性价值评价的情感体验。这种情感体验表现为：一是理智的情操，即由于对教学能力和作用的深刻认识而产生的光荣与自豪感；二是道德的情操，即由于对教师职业道德规范的认同而产生的责任感和义务感。

- **专业性向**：教师的专业性向是指教师成功从事教学工作应具有的人格特征，或适合于教学工作的个性倾向。教学风格和特色与教师的个性发展的成熟度有直接的关系。

- **专业自我**：对教学工作而言，教师的专业自我是教师个体对自我从事教学工作的感受、接纳和肯定的心理倾向，这种倾向将显著地影响到创新教学的教学行为和教学效果。[①]

总之，要促进教师专业情意的发展，要帮助教师树立崇高的专业理想、养成高尚的专业情操，完善教师专业性向、提升教师专业自我，从而促进教师专业化发展。

教师专业发展对教育的意义 ／

教师专业发展具有多方面的意义。从其社会作用来看，教师专业发展是我国实施科教兴国战略的重要保证，是凸显知识经济时代文化资本价值、在全社会形成尊师重教良好风气的必要条件，同时昭示社会从传统向现代转变、中国正在积极融入世界；从其教育本身的影响来看，教师专业发展是教师教育对基础教育改革的主动回应，必将极大地提高我国基础教育的质量，且由于教师专业发展的提出，解决了教师教育的

---

①冉玉霞. 新课程背景下的教师专业情意体现探析 [J]. 牡丹江教育学院学报，2006 (5).

方向问题，加快了教师教育法制化的进程，促进教师个人素质的不断提高，推动教育理论的创新，因而成为引领教师教育发展的一面旗帜。教师专业发展意义众多，本书仅从教育本身这一视角进行观察，探讨教师专业发展的意义。

（一）教师专业发展是对基础教育改革的回应

教师专业发展在促进中小学生成长、保障基础教育进步方面，被看成是比任何时期都关键的重要因素。我国已经从"应试教育"时代进入"素质教育"时代，新一轮基础教育改革正在全国范围内全面铺开。基础教育改革是一项由课程改革牵动整个基础教育的全面改革，它对教师的素质提出了更高的要求。它要求教师成为学生学习的组织者、参与者、开发者、决策者。新课程的重要任务是转变学生的学习方式，为学生建构起一个自主、体验、探究、合作、交往的学习平台。而教师专业发展取向，正是我国教师教育对基础教育改革呼唤的回应。教师通过终身化的专业培训，把教学和学校教育作为一个完整的学科研究，把"个人知识"转化为"人际知识"的教学能力，即把知识表达出来、传递出去，教会学生学习、与学生进行沟通、共同处理课堂事务的综合能力等；掌握课堂教学中应有的知识和技能；形成独有的价值观和道德责任感以及对教学实践的指导。专业化教育还使教师成为研究型的专业人员，参与学校课程的开发。这些丰富的知识、技能、能力和独有的情感、价值观、态度使教师足以应付教育改革的需要，促进学生良好发展，促进基础教育的发展。

【教育案例】

"教师专业成长与基础教育课程改革"你我同成长

浙江队金牌29块，上海队26块……今天，在游泳运动员吴鹏的母校，杭州市安吉路实验学校二年级的课堂里，全运会金牌榜成了学习数量关系的材料；一盒普通的汇源牌饮料，却像魔方一样不断幻化，跳跃出一串串奇妙的数字……这是杭州市安吉路实验学校举办的"教师专业成长与基础教育课程改革"观摩活动中的一个片断。安吉路实验学校校长、特级教师骆玲芳以生活数学的理念，执教二年级数学研究课《解决问题》。

课堂中老师关注学生所处家庭背景和自身思维方式的不同，深入浅出地解剖教学中的难点，引导学生进入生动活泼的、主动的和富有个性的学习过程，让数学走出书本、走出教室、走进生活，在生活的场景中应用数学的知识，使学生在熟悉的生活情景中，自然地投入到解决数学问题之中，激发了学生内在的学习动机，激发了学生学习数学的兴趣和欲望。

更让人觉得别具一格的是，课堂上，骆老师在上课，学生们在学习，生活数学课题组的老师却在QQ聊天——他们利用网络，进行当场的课堂评议。他们用生活数学的理念分析这节课，语言幽默却不乏教育的专业水平。对骆老师的课上的成败得失均做出了富有个性的评价，充分显示了一个团队的合作进取精神。师生互动、生生互动、师师互动，营造了一个互动生成、精彩纷呈的生活课堂。孩子们积极探索，充分表达自己的数学思想，小手如林，笑声阵阵，他们在一种自然状态中不断体验着成功解决问题的喜悦。

接着，是一台精致和谐、大气开放的课题介绍会，以它别出心裁的形式，向与会代表展示了安吉路实验学校数学组的全体教师《生活数学实践与研究》课题三年来的酸甜苦辣：阳光教师畅谈了师生关系的和谐在教学实践中的重要性，年轻教师、老龄教师、教坛新秀纷纷抒发自己在课题过程中的真切感受，学生们欢喜倍加、家长们充分肯定、专家们高度评价，展示了他们数年来与课题共成长的历程。"生活数学，和谐生活"，这个《生活数学》课题的主题词，始终唱响在整个会场，让我们强烈地感受到：这是一群追求教育理想的教师，他们拥有追求有意义的数学教育的强烈愿望和行动，更有追求教育教学中完美的生活态度。[①]

（二）教师专业发展引领了教师教育变革

在当今世界，尤其是发达国家，非常重视教师教育的发展，各国对教师教育的探索和改革也从未停止过。国际上对教师教育的理论探索和实践，早在20世纪70年代就开始了。是美国最先提出了教师专业化的口号，并推动教师教育成为真正的专

---

① http://www.zj.xinhuanet.com/special/2005—10/28/content_5454581.htm 新华网浙江频道 2005—10—28 09:59:25.

业。上个世纪 80 年代中期以来，各国都在组建教师专业发展学校，把教师教育改革同义务教育的改革密切联系起来，使师资培养和中小学教育形成共生，突出师范生的教育实习比重。综合国际教师教育改革所取得的成绩，我们可以较为清晰地看到当前国际教师教育发展的总体趋势：一为重视人才培养质量，二为重视教师专业化发展，三为重视提高教师教学综合能力，四为重视职前培养与职后培训一体化。这里，教师专业发展为核心。教师专业发展引领教师教育的变革，具体表现在以下四个方面：它是结束教师教育学术性与师范性之争的终结者，是加速教师教育法制化进程的催化剂，是促进教师个人成长的增强素，也是推动教育理论创新的冲锋号。

【教育视窗】

教师专业发展引领教师教育变革

教师专业发展是结束教师教育学术性与师范性之争的终结者：20 世纪初我国师范院校出现了学术性与师范性之争，其隐含的基本观点是学术性等于专业性，师范性是非专业性质的，20 世纪 50 年代初，这场争论虽然以师范院校实行独立设置而暂时告一段落，但学术性与师范性之争仍然没有根本解决，它以内隐的形式存在于师范院校内部办学取向和课程设置之中。普通师范学校，尤其是一些新办的师范专科学校，长期在学术性与师范性之间摇摆，在课程设置和教学环节上往往强化学术性而弱化师范性。20 世纪末人们才发现长期争论不休的学术性与师范性关系问题由于教师专业发展的主张而不称其为问题。教师专业发展的基本主张是，教师教育本身即是一种专业教育，根本不会存在强调师范性而失去学术性的问题，教师学即是学术性很强的一门学科，学术性是教师专业发展的应有之义，教师教育不存在要不要和能不能，而只存在如何专业化的问题。

教师专业发展是加速教师教育法制化进程的催化剂：教师专业发展的法律意义之一便在于它从法律形式上杜绝了教师资格认定的无序状态，确立了一系列针对教师的资格、文化素质、心理素质、个性修养等一系列的规定性，使教师这一行业的运作向法制化迈进了一大步。教师专业发展的另一层法律意义还在于，通过教师专业发展程度对教师资格予以确认，保障了真正具备教师职业资格人员的合法权益，也义正辞严地惩治了不具备教师资格人员的非法行为。同时还有利于形成一种全民监督机制，把一大批真正具有真才实学并具备良好的专业知识和高尚师德的人员补充到教师队伍中去，保证教师这一行业的先进性和纯洁性。教师专业发展和教师资格认定的法制化，将从更大程度上保障教师的质量和教师的教学活动科学化、民主化，从而为依法治教确立一个参照物。

教师专业发展是促进教师个人成长的增强素：教师专业发展对于教师个人来说意味着素质的全面提升和个人潜能的充分发挥。它意味着教师要有合理的文化素质结构、高尚的职业情感和品格特征以及良好的教师职业行为规范。它意味着教师不仅要系统地掌握所教学科的基础理论和知识结构，而且还要具有特殊的教学技能和能力。它还意味着教师不仅应具有良好的职业道德、学科知识、教育教学能力，还要成为研究者，对自己的工作具有反思态度和积极探索的能力。

教师专业发展是推动教育理论创新的冲锋号：教师专业发展的软肋之一，被认为是教育理论发展不够成熟，不足以指导教育实践，因而成为众矢之的。教育理论的不足主要表现为理论研究与教育实践脱节，且本身理论化水平不高，教师专业发展的提出，给教育理论研究提出了严峻的挑战。面对教师专业发展的诘难，反顾自身的发育不良，教育理论界应感到来自教育实践的需求和压力，努力寻求新的突破，以应付实践之需。如此一来，教师专业发展实际还成为催促教育理论创新的号角。①

---

①钟海青,卢辉炬. 教师专业发展的意义探寻 [J]. 广西师范学院学报(哲学社会科学版),2003(10).

/ 教师专业发展的影响因素 /

有位学者说："学会教学——正如教学本身一样——是一种过程……在此期间，一个人做了什么，他就能学到什么。"教师专业发展对于教师来说并不是在学校中学习几年就能得到的，也不是去培训几次就获得发展了，对于教师来说，这是一种浸润整个职业生涯始终的活动。时程如此漫长，那么要想确切地把握好它，就不是一件很容易的事情了。在这里，我们要探讨一下影响教师专业发展的因素，然后回归主题，探讨教师专业发展与教师职业生涯规划的关系。

影响教师专业发展的因素 /

在探讨影响教师专业发展的因素之前，我们先来了解一下目前教师专业发展的现状如何。为了对教师专业发展的现状及影响因素有一个较为公正、客观、全面的了解，也为了充分弘扬教师在教师专业发展过程中的主体作用，有研究者进行了一次实际调查。

【教育调查】

教师专业发展现状

选取陕西省西安市两所中学的 150 名教师作为调查对象，进行问卷调查。问卷的设计以教师专业发展的相关理论作为基础，从教师自身因素以及外部环境因素两个方面展开调查，问题主要涉及教师的职业观、职业态度、教育观、发展观、专业生活方式等自我专业态度，以及教师对教师管理、评价、教师教育等方面的认识和理解。结合其他学者的调查、研究成果和本次调查结果，针对教师专业发展现状研究者得出以下结论：

•教师的专业地位、专业待遇和专业满意度不高。参与调查的教师中

68.1%的教师认为教师地位不高，65.3%的教师认为教师的待遇不高，只有34.7%的教师的专业满意度比较高。

- 教师主体地位尚未确立，专业自主受到限制。

- 教师职业压力、职业倦怠及心理问题较大。此次调查中93.1%的教师感到当教师越来越不容易，压力很大。他们多数觉得工作负担重、学生成绩上不来、学生很难管理以及教师与领导关系不和谐。

- 教师知识结构单一，教学能力、研究能力有待提高。51.4%的教师认为自身急需接受新的教育理念，45.8%的教师认为自己急需掌握新的教学方式，多媒体教学能力、组织指导学生课外活动能力以及班主任工作能力急需加强。

- 教师职业道德素质不容忽视。30.6%的教师没有想过自己为何要从事教师职业，不了解自己的从业目的；27.8%的教师基于教师职业的外在稳定性而选择教师职业。

- 教师资格证书形同虚设，存在着严重的形式主义。

- 教师教育（培训）体制落后，不能满足教师专业发展需求。[①]

该调查虽然范围仅限于两所学校150名教师，但其结果折射出来的信息反映出当前我国教师专业发展现状堪忧。影响教师专业发展的因素有以下几方面：

（一）社会因素

前文提过，教师专业发展是教师的一个专业社会化的过程，即教师在专业生涯中，通过终身专业训练、依托专业组织习得教育专门知能与规范、取得教师资格、实施专业自主，表现专业道德，逐步提高自身从教素质，成为一个良好的专业工作者的专业成长过程。按照这样的理解，教师个体的专业发展必然深受各种社会因素的影响。

首先，教师专业发展受教师社会地位和职业吸引力的影响。按照联合国教科文组织对教师地位的诠释，教师的社会地位是指社会按照教师任务的重要性和对教师能力的评价而给予的社会地位或敬意，以及所给予的工资条件、报酬和其他物质条件。

①郝敏宁. 影响教师专业发展的因素分析——兼论促进教师专业发展的策略 [D]. 陕西师范大学硕士学位论文. 2007.5.

职业吸引力是一门职业能否将社会优秀分子吸引到该职业中来，能否使在岗的从业者安心本职工作并积极谋求自身发展与提高的能力，是人们对某一职业的意义、价值与剩余的社会反映与综合评价。我国素有尊师重教的传统，教师在人们心目中是知识的化身，是德高望重、才学超群的人。但当前我国中小学教师队伍正处在由数量需求向质量提高转变的历史时期，教师队伍内部可谓良莠不齐。在媒体中我们也曾见过一些教育中的丑恶现象，公众对教师的信任度也在下滑，教师职业缺乏一种宽松、信任和期望适度的社会支持系统。这些都会影响到教师的专业发展。

其次，教师专业发展受教师管理制度的影响。国家对教师的管理制度主要包括教师资格证书制度、教师评价制度和教师培训制度，笔者认为最为影响教师专业发展的为教师评价制度，因为这是教师专业发展的动力，也影响和制约着其他两个因素。教师评价是教师管理的重要手段，它为教师新一阶段的发展提供动力和智力支持。要想促进教师的专业发展，对教师的评价手段和评价内容就要进行深入改革。

【教育课堂】

发展性评价引领教师专业发展

伴随着新课程实验的深入开展，发展性教师评价呼之欲出，它激发了广大教师不断提高教学的积极性、创造性，促进了教师的专业发展，促进了教师自我价值的实现。这一崭新的评价思想，越来越被广大教育工作者接受，也越来越显示出它无限的生命力。

发展性评价是一种面向未来的评价，是一种依据目标、重视过程、及时反馈、促进发展的形成性评价，主张在宽松的环境中，用动态的、发展的眼光，对教师进行持续的评价。因此，发展性评价关注教师的背景和基础，关注教师日常行为表现和点滴进步，注重发展过程，通过评价促进教师对自己工作的反思。

在这里，教师评价的目的，不再是给教师排队，把教师分成优、良、合格、差几个等级，而是要为教师提供教育教学的反馈信息，促进教师对自己的教育观念、教学行为进行反思，全面了解自己的优势和不足，从而不断地改进教学，提高专业发展水平。

发展性评价的鲜明特征是关注教师的个体差异，并根据这种差异确定个体化的评价标准、评价重点和评价方法，不是确定一个统一的标准，然后将所有教师的表现与之相对照，判定其优劣或是否合格、称职，而是将教师的表现与原有基础比较，对不同发展阶段的教师，有针对性地提出改进建议、发展目标和进修需求等，使教师在成功的体验中不断改进。

此外，发展性评价突出教师在评价中的主体地位，在达成结论时强调教师的积极参与，重视通过反馈与教师一起提出改进建议。一般来说，要鼓励教师参与讨论修订指标体系，从而明了教师评价的具体内容；然后，让教师根据岗位职责制订书面的个人发展目标和计划，使教师感觉到他的一步一步发展是有目标的，这个目标学校清楚，自己也清楚，这本身就是教师自我教育、自我学习、自我提高的过程；评价时做到以教师自评为主，帮助教师自我诊断、自我评价。

发展性评价还提倡同行之间的互相评价，学生评教、教师自评和同行评价都运用到教师评价中并发挥特定的作用，教师、校长、学生、家长共同参与，帮助教师从多渠道获取大量有价值的信息。同时，通过评价主体的扩展与多元，加强对教师工作的管理和监控，进一步促进教师的发展。

教育改革的效果与成败，与一套好的教师评价体系密切相关。因此，教师评价改革始终是教育改革的核心环节。建立发展性教师评价体系，是一个崭新的课题，也是一项难度相当大的工作，需要一个较长的完善和发展过程，更需要广大教育工作者不断实践与探索。[①]

(二) 学校因素

学校是教师专业生活的小环境，作为教师从事教育教学活动的主要场所，学校将不可避免地在物质、制度、文化等方面对教师的专业发展产生显性或隐性影响。一所学校的教学设备条件、班级规模、课程、教学制度、教师文化、校长的办学思想与管理作风等无不对教师的专业发展产生巨大的影响。

---

① 《中国教育报》2005-06-22.

学校应为教师发展提供专业平台

康丽颖在《学校的责任与教师专业发展》(《教育研究》2006年第12期)中认为：学校应该承担参与教师职前培养、促进教师职后发展以及提升教师专业社会贡献力的责任。要落实促进教师发展的责任，加强学校的功能性建设，就是要保证教师能够在日常的学校生活中获得完整、全面及可持续的发展，学校不仅具有促进学生发展的职责，更应该成为教师发展的场所。

她强调在学校中建立沟通机制，保证教师专业发展的实现，并不是要寻找一个所谓的有效的教师专业发展模式，而是希望每一所学校都能够帮助教师在教育生活过程中通过沟通和商谈，寻求理解，形成同伴的互助和合作，达成教师之间、师生之间的相互理解，实现教育的意义。所以，强调教师发展中的理论理性、实践理性和沟通理性的意义，正是体现了我们对教育理论的尊重，对教师人格的尊重，以及对教师依靠自身力量在学校生活中去实现共同发展的尊重。

(三) 个人因素

教师的个人因素也会影响到教师的专业发展。影响教师专业发展的个人因素有很多，比如说教师的教育信念。教育信念是指教师在对教育工作本质理解的基础上形成的关于教育的观念和理性信念，它是指导教育行为的思想观念和精神追求。如果教师仅仅把教育看作是一份谋生职业的话，那么他可能不会上课迟到或做出其他不合规定的事，但他也不可能将其自身的热情全力地投入到日常教育教学工作中。再如教师的专业知识结构。教师专业发展过程就体现在其知识结构从广度、深度及创造性等方面不断拓展，知识的拓展水平和程度影响并标志着教师专业发展的水平与状态。

浅谈怎样成为一名专家型、学者型的教师

每个教师的成长都要经历一个由不成熟到成熟的发展过程，教师的发展空间是无限的，成熟只是相对的。"学无止境"，教师应该在现代教育理念的指导下，具备新型的专业知识结构，拥有相应的专业能力和练就必要的专业技能。向专家型、学者型的教师目标迈进。

素质教育要求教师具备科研能力和钻研精神，勤于研究是一个专家学者型教师必备的条件，做到勤学善思，方能百战不殆。专家型教师要学会志远，学会认真，学会合作，学会学习，学会研究。专家型教师的成长所需构筑的五大支柱：志远、认真、合作、学习、研究，它们之间也是相互关联的。志存高远是成长过程的动力系统，它牵引着行动使之持之以恒；而教师即合作者、学习者、研究者，合作、学习、研究是当代教师工作状态，属于行动层面；推崇认真是一种工作的态度，属于意识层面，它决定行动达到的高度。

我认为要成为一个专家型、学者型的教师，需要从以下方面入手：

第一，我觉得作为一名教师要具备良好的师德，"学高为师，身正为范"，要从心里面去热爱学生，关注学生的学习。"亲其师信其道"，通过自己的人格魅力去感染学生，学生一定会对自己任教的学科产生浓厚的兴趣。高尚的师德包括对教育事业的热爱，强烈的事业心和奉献精神；科学的世界观和积极向上的人生态度；强烈的责任感和对学生的尊重、关心和爱护；处处为人师表，以身作则。

第二，需要相当的专业知识和专业能力。这是教师从事教育教学工作的前提和保证。一般来说，专家型教师的知识结构包括普通文化知识、学科专业知识和教育学科知识三方面的内容。专家型教师的专业能力除了应具有教学能力、组织管理能力、决策能力、交往能力外，还必须具备相应的教育科学研究能力。这是专家型教师区别于一般教师的根本所在。

第三，勇于创新，具有一定的创造性。学生创新精神和创新意识的培养乃

至创新素质和创新能力的提高都与教师有着最为直接的关系。没有教师的创造性，很难培养出适应未来社会发展需要的创造性的学生。是否具有创造性是区分"教育家"与"教书匠"的重要标志。专家型教师"不是传声筒，把书本的东西由口头传达出来，也不是照相机，把现实复呈出来，而是艺术家、创造者。"

第四，不断探索，提高教育理论、教育科研能力水平。我们应该充分地学习掌握有关内容，理解领会其精神实质，并在日常教育教学工作中不断进行探索、尝试。包括教学目标的制订、教学方法的选择、对教材的应用等等。并且在学习实践过程中，总结整理，把看到的、想到的及时记录下来，平时养成写课后笔记的习惯，碰到好的内容及时总结成教学案例，这样日积月累，我想一定会大大提高自己的教育理论水平和教育科研能力。[①]

以上从三个方面诠释了影响教师专业发展的因素。总之，作为个体社会化过程一个重要组成部分的教师专业发展，总是要受着教师个体所处时代科技文化与生活方式等大环境的影响，同时也受其工作的学校环境等小环境的影响。教师专业发展的过程本身就是教师个体的专业结构要素回应各种环境因素，随之此消彼长、循环互动的过程。由于个体间专业发展的影响因素不同，教师专业发展的状态也大相径庭。就影响因素的性质而言，积极的因素对教师个人产生影响时，他们会成为教师专业发展的内驱力；相反，一个充满危机、易导致冲突的环境则容易对其产生负面影响，容易成为其专业发展的掣肘。

教师专业发展与教师职业生涯规划的关系 /

教师职业生涯是教师全部生命历程中最重要的阶段，教师职业生涯的发展可以看作是教师"育己"的过程。选择了一份职业，就是选择了一种社会角色，最终选择了一种生活方式。教师职业生涯的发展如何，决定了教师的生命质量和教育质量。由学校和教师共同制订适合教师特点的个性化的职业生涯规划，有利于增加教师在工作中的动力，使这一特殊群体看到自身的发展前景，感到自身所处的环境有巨大的发展空

---

① http://www.ruiwen.com/xiao/news/9985.htm 小学语文资源网，2009-09-21.

间，能够最大限度地挖掘自身潜能，更好地创造自我价值和社会价值，从而体会到自我实现的满足感。而且当前，教师专业发展是教师教育改革的核心，2001 年《国务院关于基础教育改革和发展的决定》提出了教师教育的概念，教师教育是对教师进行培养和培训的统称，即在终身教育思想的指导下，按照教师专业发展的不同阶段，对教师进行职前培训、入职教育和在职培训的一体化教育，旨在促进教师在其职业生涯的所有阶段中的专业发展。

有学者也对教师专业发展与教师职业生涯规划的关系进行了探讨，结论如下：

【教育课堂】

教师职业生涯规划与教师专业发展的关系

教师职业生涯规划是教师专业发展的基础。教师职业生涯规划对教师的专业发展具有决定的作用，教师专业的发展与成长，离不开教师职业生涯的规划，教师的专业发展使教师本身的专业素质、良好的品质得到提升，进而对学生有直接影响作用，对学校、家庭和社会有间接的影响作用，促使教师这一职业发展得到广大社会的认同，得到社会的支持。这些都是在职业生涯规划的基础上进行的。

教师专业发展反作用于教师职业生涯规划。综观职业生涯的进程与教师专业的发展进程，教师职业先于教师专业。由于职业的形成，才促使其专业化，教师的专业在整个教师职业生涯中应运而生，伴随着教师职业生涯的发展，使其发展变化，同时教师专业发展对教师职业生涯的规划有一定的制约作用。由于教师专业发展，使教师具备丰富的知识，教师的入教年龄随现代社会的发展也在向后延迟，从某种意义上说，教师专业发展使教师的职业生涯向后延期，这样能够使教师与学生双重受益，丰富了受教育者的知识，教育者也享受了教育的快乐之道。

教师职业生涯规划与教师专业发展是不可分割的统一体。教师这一职业是伴随着学校的形成而诞生的，教师职业生涯规划与教师专业发展是随着教师适

123

应时代要求而变化的，他们是相互包容的教师职业中体现教师专业的特点，在教师专业中展现教师职业的特殊性，他们都是为了同一个目标，在实现这些目标的过程中表现出各自的特色。有了教师职业生涯的规划才对教师有专业的要求，缺少教师的专业发展，职业生涯规划是空谈，彼此之间具有相互吸引的特性，谁也离不开谁。如果我们从整体来看，他们共同的目标就是教师职业更加正规，教师更加具有专业性，更好地服务于学生。①

教师专业发展是使教师不断成长，不断接受新知识、提高专业能力的过程。在这一过程中，教师通过不断地学习、反思和探究来拓宽其专业内涵、提高专业水平，从而达到专业成熟的境界。教师专业发展强调教师终身学习和终身成长，是职前培养、在职培训直至职业终结。教师专业发展与教师职业生涯是共生共存的过程，是教育改革的集中体现，适应了时代的要求。

①纪国和，李国佳. 浅析教师职业生涯规划与教师专业发展之关系[J]. 当代教师教育，2010（3）.

向"专家型教师"前进

每一名教师进入教师职业，其发展过程必然要经历一个从新手到专家的过程。可以说每一位教师都想成为专家，但对什么是专家教师、怎样成为专家教师以及诸如此类的问题都不是很明确。教师职业生涯规划可以看作是给人生选一条路来走，起点是自身特点，目标即成为一名专家教师。人在旅途中，向"专家型教师"前进吧!

何为"专家型教师"

(一) 解读"专家"

要了解何为"专家型教师"，首先要了解何为"专家"。在日常生活中，各个领域都有自己的专家，如数学家、医学家、物理学家、象棋大师等。可以说，专家应是具有该领域专长的人，是在特定领域具有专业知识和能力的人，他们能够有效地思考和解决该领域的问题，从而表现出良好的专业行为。认知心理学采用"新手－专家"的研究范式来探讨专家专长的认知过程和心理结构，让我们看看新手和专家在这方面的区别。

【教育课堂】

新手和专家的经典研究

认知心理学研究"新手－专家"的步骤为：

1. 选择特定领域的专家和新手；

2. 给专家和新手呈现一组相同的任务；

3. 比较专家和新手是如何完成任务的。

新手－专家比较经典的研究是德格鲁特 (1965) 对国际象棋大师和普通棋手所做的比较研究。在这项研究中，给象棋大师和普通棋手看实际比赛的棋局各 5 秒钟，然后打乱棋子的位置，让他们重新恢复棋局。结果发现，象棋专家正确恢复棋子的数量是 20-25 个，而普通棋手只有 6 个。但当专家和新手所看的棋局为随机排列的棋局时，他们恢复棋子的数量没有差别，都是 6 个。所以研究者认为，专家和新手相比，记忆存储的信息量大，存储熟悉的棋局模式多，这些差异决定了专家和新手棋艺水平的差别。[1]

以上实验只是从一个层面上来看待专家和新手的区别，实际上，专家和新手之间区别多多。在普通心理学的研究中，研究者将新手和专家之间的区别总结为两条：一为知识数量上的差异，一为知识组织方式上的差异。专家不仅在知识的数量上多于新手，其知识的组织方式也要优于新手。研究表明，专家的知识是按层次结构的方式组织起来的，这种组织方式是专家长期解题经验的结果。专家之所以称为专家，一定是有其特点和关键特征的。

【教育课堂】

专家工作的关键特征

专家主要在其所从事的领域内表现出色；

专家能够在其所从事的领域内知觉大量有意义的模型；

专家的反映敏捷，能更快地操作该领域的技能，更快更好地解决问题；

专家表现出非凡的短时记忆和长时记忆能力；

在专业领域内洞察和表征问题时，专家处在比新手更高的（更具原则性的）水平上，而新手的问题表征往往停留在表面水平上。

专家把更多的实践用于分析问题的质的方面。

专家具有高度的自控能力。[2]

（二）解读专家型教师

近年来，专家型教师成为教师专业发展的热点问题，同时这也是一个众说纷纭的问题。每个人对这个问题都有自己的看法。

①彭聃龄.普通心理学（修订版）[M].北京师范大学出版社，2001.5.
②连榕.教师职业生涯发展[M].中国轻工业出版社，2010.1.

专家型教师的标准

美国心理学家斯腾伯格：

把专家型教师称为有教学专长的教师，他在其他领域有关专家行为的心理学研究基础上，提出专家型教师的基本特征：

• 能将更多的知识运用于教学问题的解决。这些知识包括所教学科的内容知识、一般教学知识、与具体教学内容有关的教学知识以及教学得以发生的社会和政治背景知识。

• 解决教学问题的效率高。他们能在较短的时间内完成更多的工作，或者明显只需要较少的努力。秩序化的技能使得他们能将注意力集中于教学领域高水平的推理和问题解决上。在接触问题时，他们具有计划性且善于自我觉察，时机不成熟时，他们不会提前进行尝试。

• 富有洞察力。他们能够鉴别出有助于问题解决的信息，并有效地将这些信息联系起来。他们能够通过注意，找出信息的相似性及运用类推的方法来重新建构问题的表征。他们能够对教学问题给予新颖而恰当的解答。

波林纳认为专家型教师的标准是：

• 对教学情境的观察和判断是直觉的，不需要进行仔细分析和思考，凭借经验就能准确地发现问题，并采取适当的解决方法。

• 对教学情境中问题的解决不仅达到了快捷、流畅和灵活的程度，而且达到了自动化的水平。在没有意外发生的情况下，不需要有意识的努力就可以处理遇到的各种教学问题。在一般情况下，很少表现出反省思维，只有问题的结果与预期不一致时，才会对问题进行反思和分析。[①]

结合东西方对专家型教师的描述，我们可以认为专家型教师应该是这样的：不仅具备一般教师所具有的素质，还必须具备教育科研素质；不仅有丰富的教育理论，而且能做到理论与实践相结合；不仅通晓所教学科的专业知识，还具备丰富的教学实

127

---

① 朱训林. 教你成为专家型教师 [M]. 东北师范大学出版社，2010.7.

践经验，而且在培养学生良好的道德品质、调动学生学习的积极性，使之学会学习、学会创造等方面有着高超的教学艺术，教学效果明显，而且有自己一套成熟的教学理论。我们初步可以将专家型教师定义为：在教育教学、教育管理和教育科研的某一领域或某一方面具有专长，有一定社会影响力和知名度的造诣高深的教师。专家型教师不能等同于中小学特级教师，特级教师更多是一种荣誉称号。专家型教师是走向专家教师，进而成长为教育家的第一阶段，也是从新手教师到熟练教师，再到成熟教师，进而成为专家教师的重要阶段。

总之，专家型教师是教师中的优秀分子，他们的职业道德、才学以及高超的教学艺术无疑代表着教师职业的最高水平，是其他普通教师学习的楷模。

专家型教师的特点 ╱

不同的学者对专家型教师的特点有着不同的见解和总结，可谓"仁者见仁，智者见智"，但无论如何论述，都离不开以下几个方面：

（一）拥有丰富的专业知识，并能有效运用

有学者认为，专家型教师应该具备的知识主要包括所教学科知识，教学和理论，适用于各学科的一般教学策略（课堂管理的原理、有效教学、评价等），课程以及适用于不同学科和年级的程序性知识，教特定学科所需要的知识或教某些学生和特定概念的特殊方式，学习者的性格特征和文化背景，学生学习的环境以及教学目标等。除了拥有这些丰富的知识，专家型教师还能将这些广博的、可利用的知识灵活地组织起来运用在教学中。

【教育课堂】

专家水平的知识

专家教师的知识被称为"专家水平的知识"。怎样的知识才能被称为"专家水平的知识"？它是指专家教师所具有的某些特殊的知识，还是指专家教师更高水平的知识，或是指专家教师所独有的知识结构呢？它包含哪些内容，又具有哪些特点呢？总的来说，专家教师所具有的"专家水平的知识"具有下述四个特点。

- **在内容上更丰富**：专家教师的知识涉及更加齐全的门类和更大的知识量，同时他们在知识掌握的程度上也更占优势。换句话说，专家教师都是博学之人，他们不但广泛涉猎各科知识，拥有更多的知识，而且对知识的理解也更加深刻。正是由于掌握了特定领域的知识和技巧，他们才能在本领域的活动中独占先机。比如说，他们能够"帮助学生建立概念间的联系，提供恰当且多样的表征以及与学生建立积极和有意义的对话"，他们能较敏感地觉察到学生的偏见并予以纠正以解决学生在学业上的困难，他们更能开发出有用的、脱离教学轨道的机会，他们出的考题对综合和高级思维过程有更多要求……总之专家教师更丰富和更详尽专业知识优势成为其出色完成教学任务的重要保证。

- **在组织上更加良好**：教师知识由各种知识组成并不意味着它们之间是相互独立和各自分散的，多学科领域的知识在教师头脑中组成了一个相互交织的整体，因此更准确地说，教师知识是由各种知识组合成的一个知识结构。不同教师在专业知识的整合程度上会存在一定差异，专家教师更善于组织知识。比如说专家教师能整合不同领域的事物，以形象的语言把教学内容勾画成便于学生理解的鲜明的表象，使之形成准确的概念；他们对事物的深层结构更加敏感，能够在更深刻、更本质和更理性的层面上领会和描述问题等。

- **在转换上更加灵活**：专家知识在显性知识和隐性知识的转换上更加灵活。专家教师头脑中既有大量可以言说的、明确的、正式的和规范的显性理论知识，也有同样多的、缄默和个人化的直觉、诀窍、习惯、风格、信念、技能、技巧等教学经验。与一般教师相比，专家教师还特别具有将"实践知识理论化"和"理论知识操作化"的本领，使得自己两部分知识之间能够更多地发生转化作用，彼此充盈。比如说，专家教师一般都能清晰地表达自己课堂决策的原理和标准，同时，其课堂行为也常常是有意识的决策；他们能够明确地回答诸如"我是如何知道我所知道的"、"为什么我让学生这么做或这么想"等问题，这表明专家教师不仅拥有熟练的教学基本经验，而且能在实践经验和理论理解两方面进行反思。

- **学科教学性更强**："学高未必是良师"，即使是毕业于一流大学的博士在刚刚走上讲台时也并不知道该如何教学，但专家教师不同，他们拥有大量优良的学科教学知识。比如说，在一些优秀教师获奖经验介绍和总结中我们可以发现，优秀教师知道自己该"教什么"和应该"如何教"，他们认为，教学不等于传授知识，它还应该帮助学生认识学科的重要性和学习的必要性，更为重要的是，它还应该让学生学会学习并树立正确的价值观。因此，他们把"教学生如何适应生活"看作是自己的主要任务，而把"帮助学生完全开发出他们的潜力，成为社会的栋梁"作为自己教学的最终目标。①

（二）拥有卓越的能力水平，能有效处理各种教学事件

专家型教师具有"超凡脱俗"的问题解决能力。拥有深厚学科知识的专家型教师对学科的概貌能有一个综合性的认识并且思路清晰，他们可以依靠明晰的图示框架结构高效率地解决教学领域内的问题。专家型教师具有的教学能力有多种，我们虽不能尽数数出，但也可以窥一斑而知全豹。

【教育课堂】

专家型教师具备的能力

引导学生与学生交流的能力：首先，专家型教师能让学生信任他们，接受他们的建议，相信他们的能力。这样做的目的是建立一种教学伙伴关系。其次，专家型教师懂得尊重、理解、接受、同情和公平对待学生的重要性，他们会竭力做到品行端正。再次，专家型教师有很好的口才和高于常人的倾听能力。最后，专家型教师不仅喜欢学生，而且乐于帮助学生，做他们的顾问，给他们

①周赞梅.专家知识及其认知特征[J].湖南科技学院学报，2006.8.

及时的指导。他们不仅在课堂上能调动学生，在课外也能感染学生。

挖掘学生潜力的能力：专家型教师能挖掘出学生的潜力。实现这一目标的唯一办法就是让学生在学习过程中担任主角。他们向学生提问，鼓励学生讨论、对话和辩论，希望学生去思考、推理和交流，其目的是给学生足够的机会去尝试：体验成功、品尝失败，得到提高和进步。此外，专家型教师还非常重视批改作业的过程。他们会花大量时间批改作业和提出建设性的批评意见。因为如果学生相信教师的能力，他们更容易接受教师的建议并进行改进。

意义建构的能力：专家型教师善于激发学生的学习兴趣，促使学生将当前的学习内容尽量与已有的知识和经验相联系，通过各种方法，帮助学生建构所学知识的意义。

搜索和设计信息的能力：专家型教师能有效地搜索、设计并帮助学生获取相关的教学资源，以支持学习者主动探索，建构所学知识的意义。

课程开发的能力：专家型教师通常在建构主义理念的指导下，以信息技术为手段，为一堂课设计目标、结构、内容、资源、作业以及评价方式；或与其他教师通力合作，改变传统课程体系中的一些内容、技能和教学方法。

管理课堂的能力：专家型教师能巧妙地管理课堂，对教学环境里发生的一切负全部责任。他们是高效的领导，不是"控制怪物"。专家型教师主要通过三种途径来达成这个目标。首先专家型教师总能让他们的讲义保持新鲜感和有意义；其次是与学生交谈，而不是居高临下地向学生发话。他们把自己看成是学习的催化剂而不是知识的导管。再次，专家型教师能把幽默用到极致。运用幽默的目的是创造一种更放松的、更开明的课堂氛围，让学习变得有趣而不是一种负担。

学习和科研能力：专家型教师也是认真好奇的学生，对已知的东西永不满足。他们都是终身的学习者。因此，他们能用一种神秘的力量把这种好学精神传给学生。很难想象一位成功的教师一点都不想深入了解本门学科的知识。研究和学习是专家型教师的特点。

充当学术顾问的能力：专家型教师能以单独或协作的方式，诊断学生的学术需求，帮助学生制订或选择某种能满足这些需求的计划，评估学生在学业方面的进步情况，促进学生的有效学习，实现学习者的个性化发展。①

专家型教师在广泛的知识经验基础上，能够更有效地运用自己的知识、技巧和策略自动化地完成一系列活动，尤其是某些教育技能具有程序化、连带性的特点，这使他们能够将注意力集中于教学领域高水平的推理和问题解决上。此外，专家型教师善于监控自己的认知执行过程，即在接触问题时他们具有计划性且善于自我观察，时机不成熟时，他们又能主动对自己的行为做出评价，并随时做出相应的调节。

【教育案例】

如何对待"偷"东西的学生

一位生物教师领到了一架盼望已久的显微镜，他带领学生们在显微镜下看到了显微现象并发出遐想，师生确实太喜欢这架显微镜了。一个星期一的早上，同学们发现放在教师角柜里的显微镜不见了，于是跑去问生物老师，可是生物老师说不知道。于是班长领头成立了一个侦探小组，经过一天的观察，侦探小组把可疑点都集中到彼佳身上，并决定星期二中午去彼佳同学家中侦探。他们一走进彼佳家的栅栏便从窗口看到彼佳同学正聚精会神地看显微镜。他们不由分说，架着彼佳同学，抱着显微镜以及彼佳同学准备好的小甲虫去找生物老师。一进老师院门，他们便吵嚷起来。生物教师一见这架势，立刻明白发生了什么事，他冷静一下，像忽然想起来什么事似的说："哎呀，你们看我这记性，这显微镜是我前天借给他的，我都忘了。"彼佳愣愣地说不出话来。生物老师表扬了这些同学，又嘱咐他们以后不能这样粗鲁地对待同学。学生们满意地走了，彼佳被留下，他既感激又惭愧地向老师承认了错误。②

（三）拥有对事业的坚定信念和对理想的不懈追求

专家型教师拥有对事业的坚定信念和对理想的不懈追求。对人格完善的强烈愿望与坚定信念奠定了职业发展的高起点，对民族命运的深切关注和对教育事业矢志不移

---

①李小琴. 专家型教师的个性特征 [J]. 新余高专学报，2008.4.
②朱训林. 教你成为专家型教师 [M]. 东北师范大学出版社，2010.7.

的执着追求是一名教师自主发展的最高境界，这种高尚而朴实的职业情感能激发教师潜能，不断挑战自我，锲而不舍潜心从事教育教学的实践探索。

有人将教师的职业观按境界划分为三个层次：谋生型教师、良心型教师和事业型的教师。谋生型教师只把教师职业作为一种谋生的选择，他们在工作中难以调动个人的心理投入教师角色；良心型教师是大多数教师的职业观，良心实际上是教师起码的道德责任感和道德自我评价能力的表现，有了这种良心，教师在教书育人的过程中就会自觉地讲职业道德，尽职业责任；事业型教师才更有可能跨入专家型教师的行列，因为教育工作的艰巨性、崇高性、神圣性和未来性，光凭良心教书是不够的，要求教师要有敬业精神。不仅要有敬业精神，还要有正确的价值观、事业观、学生观等。由于篇幅所限，这里我们指只用一个案例来感受一下专家型教师的精神。

【教育案例】

执着追求的职业生涯

——李吉林自述（节选）

从情境教学到情境教育再到情境课程，深一脚浅一脚地走过来，虽无暗礁，但曲折总是难免。有欢笑，也有泪水。我只是像一个长跑运动员执着地往前迅跑，激情与想象让我为了孩子们的幸福成长而追求教育的完美境界，从朦胧到清晰，从清晰到急切。也正是有了这样的精神追求，我的内心萌发了一股子劲，驱动着我去学习、去研究，如此日积月累，我从一个普通的教师成长为了一个有追求、有作为的教师。

1956 年，师范毕业了。在国家大发展的年代里，那年师范生都可以报考大学。我作为一名成绩优秀的学生，又何尝不想迈进高等学府的门槛呢？但是我的父亲很早病逝，在我的记忆中，童年是灰暗的，没有色彩，没有欢笑，甚至连一张照片也没留下，那是因为穷。为了母亲，在大学和小学之间，我选择了小学。

那年初秋，我走进小学，走到了孩子们的中间。终于能挣钱了，能养活母亲了！在放弃大学的同时，我尝到了作为女儿履行责任的一种快慰。从此，小学成了我的大学，大学之梦竟终身圆不了。

翻开我的教学生涯的第一页，写得歪歪斜斜，近乎狼狈。校长看到了我的毕业成绩22门是"5分"，就分配我教六年级。六年级的孩子大了，有的和我差不多。尽管我备课笔记上写得密密麻麻，站在讲台上讲得兴致勃勃，可是孩子们却叽叽喳喳，根本不听我讲。教室里简直像小鸟上窝，闹个不停。下班回家，班上的孩子不远不近地跟在我后面，喊着我的名字。我一回头，他们又躲藏起来，每天不得安宁。晚上我坐在灯下，想着这些调皮捣蛋的孩子，想着大学里上学的同学，泪水禁不住簌簌地往下淌。

以后的日子里，我忍住泪水，心想：既然选择了小学，就要把这条路走下去。我怀着要当孩子的好老师的信念，更加努力地学习、钻研，早起晚睡多读书。

其实，在这段时间里，有好几次机会我可以离开小学，去当运动员，当跳伞队员，当演员。这些工作对青年人都是颇有诱惑力的，而且容易崭露头角。但我认为，学师范，当小学教师是天经地义的事，不必"这山望着那山高"。

由于我的努力，工作上自然就做出一点成绩。领导也不断培养我，尽管我那时还很年轻，领导却让我去省里编写教学参考书，出席省教育厅召开的语文教学研究会议。我积极贯彻会议精神，加强"双基"，有效地提高了语文教学质量，还当选了南通市人民代表和先进工作者。正因为这些，在那场史无前例的浩劫中，我竟被当作小学的"反动学术权威"受到冲击。那年我才28岁。

在那惶惑不安的日子里，在那些没有星星和月亮的晚上，我常常默默地在灯下读着鲁迅先生的杂文，不断地给自己鼓劲，心里常常念着三句话：

第一句是普希金说的——"心憧憬着未来"；

第二句是高尔基讲的——"我从小就是在和周围环境不断的斗争中长大的"；

第三句就是毛泽东所说的——"人是应该有点精神的"。

十年，漫长的十年，惶惶不可终日的三千多个日日夜夜，我没有低头，没有抛弃自我……

……

近半个世纪的教师生涯，让我深切地感到教育充满诗意，教育本身就是诗篇。写好她，需要积累，需要凝练，需要迸发。那是用人世间最纯真的情、最深切的情、最炽烈的情——那是一团扑不灭的火，去撰写、去抒发、去赞颂。"情境教学——情境教育——情境课程"三部曲历时已28年，吟咏的只是同一首歌——我心爱的"小鸟之歌"：

"小鸟是黎明的歌手，呼扇着翅膀去迎接清晨的第一道阳光。小鸟的歌是会飞的歌。

孩子喜欢小鸟，孩子羡慕小鸟，他们人虽小却心存高远，总想什么时候长上一对翅膀飞向远方。他们不会像小鸡那样，因为有了一把食，一个温暖的窝，就忘记飞翔。他们连做梦也想变成小鸟，飞过小河，飞过大树，飞过高山，飞向高高的蓝天……这是孩子心中的小鸟之歌。"[①]

向"专家型教师"前进 ╱

(一) 专家型教师成长之路

"不想当将军的士兵不是好士兵"，不想成为专家型教师的教师也绝不是一个好教师。专家型教师是一名教师追求人生价值的最终目标，也是对自己教育之路的最大褒奖。教师的成长是伴随着他们个体职业生涯的社会化过程进行的。在与环境互动的过程中，专家型教师不断调整自己的思想、信念和价值取向，丰富自己的专业知识，提高自己的教学技能，以满足自身各个不同时期和不同层次的需要，从而表现出与其职业生涯发展阶段相适应的行为和心理特点。但专家型教师的成长不是一蹴而就的，其职业专长有一个发生、发展的过程。在这一过程中当他的知识经验积累到一定的程度以后，就会发生由数量到质量的转变而进入下一个阶段的发展。专家型教师的发展过程呈现出明显的阶段性规律，每个阶段都表现出鲜明的特点。有关调查表明，成就一名专家型教师至少要经过10年、10000个小时以上的教学实践。无论是培养者还

---

①程振响. 教师职业生涯规划与发展设计 [M]. 南京师范大学出版社，2009.7.

是教师自己，都应当看到专家型教师成长的长期性、复杂性和阶段性，认识到"饭要一口一口吃，路要一步一步走"。不同的方式和手段可能加快这一过程中某些阶段的发展速度，但这个过程的任何一个阶段都是无法逾越的。

【教育课堂】

教师专业发展的五个阶段及特征

美国亚利桑那州大学的 Berliner（1998）在对教师教学专长发展的研究中，受人工智能研究领域中的"专家系统"思路的启发，在 Dreyfus（1980）职业专长发展五阶段理论的基础上，提出了教师教学专长发展的五阶段理论。他认为教师教学专长的发展可以划分为新手教师、熟练新手教师、胜任型教师、业务精干型教师和专家教师五个阶段。所有教师都是从新手阶段起步的，随着知识和经验的积累，大约经过 2—3 年，新手教师逐渐发展成为熟练新手教师，其中大部分熟练新手教师经过教学实践和职业培训，经过 3—4 年成为胜任型教师，这是教师教学专长发展的基本目标。此后，大约需要 5 年甚至更长的时间，经过知识和经验的积累，有相当部分的教师成为业务精干型教师，其中部分业务精干型教师在以后的职业发展中成为专家型教师。

以下为教师教学专长不同发展阶段的特征。

新手教师（1—2 年）：新手教师是经过系统的师范教育与学习，刚刚从事教学工作的教师。新手教师教学专长的特征主要表现在三个方面：一是新手教师是理性化的，在分析和思考的基础上处理问题；二是新手教师处理问题缺乏灵活性；三是新手教师处理问题时，刻板地依赖特定的原则、规范和计划。在这个阶段，他们需要了解与教学有关的一些实际情况和具体的教学情境，对他们来说，经验积累比学习书本知识更为重要。

熟练新手教师（2—3 年）：主要特征表现：一是实践经验与书本知识逐渐整合，并逐步掌握了教学过程中的内在联系；二是教学方法和策略方面的书本知识与经验有所提高，处理问题表现出一定的灵活性；三是经验对教学行为的指导作用提高，但还不能很好地区分教学情境中的重要信息和无关信息；四是对自己的教学行为还缺乏一定的责任感。

胜任型教师（3-4年）：具有以下几个方面的特征：一是他们的教学行为有明确的目的性；二是能够区分出教学情境中的重要信息，并选择有效的方法或手段达到教学目标；三是他们对自己的行为结果表现出更多的责任心，对于成功和失败表现出强烈的情感反映。胜任阶段教师的教学行为还没有达到快捷、流畅、灵活的程度。

业务精干型教师（5-10年）：特征突出表现在：一是具有较强的直觉判断能力。由于在长期的教学实践中积累了经验，他们对教学中出现的与以往教学情境类似的情况有较强的观察与判断能力，并做出相应的反映。二是教学技能方面接近了认知自动化水平。在教学活动中，业务精干型教师无需太多的意识努力便能对教学情境做出准确的判断和有效的处理。尽管如此，仍未达到完全的认知自动化水平。三是业务精干型教师的教学行为已经达到了快捷、流畅和灵活的程度，这是他们在教学实践中积累了丰富知识和经验的结果。

专家型教师的特征（10年及以上）：专家型教师处理问题是非理性的。他们对教学情境的观察与判断是直觉性的，不需要进行仔细的分析和思考，凭借他们的经验便能准确地发现问题，并采取适当的解决方法。他们对教学情境中问题的解决不仅达到了快捷、流畅和灵活的程度，而且已经达到了完全自动化的水平，在没有意外发生的情况下，不需要有意识的努力就可以处理遇到的各种教学问题。在一般情况下，他们很少表现出反省思维，一旦问题与预期不一致，他们才会对问题进行反思和分析。在教学专长发展的过程中，只有业务精干型教师中的一部分才能发展成为专家型教师。[①]

（二）向"专家型教师"前进

我们先通过一个课堂实例来体会一下专家教师和新手教师之间的差距。

①毛杰，杨明春.成长的阶梯——贫困山区教师专业发展的研究与实践 [M].四川大学出版社，2008.6.

【教育案例】

专家型教师与新手型教师的课程计划

• 专家型教师的课程计划

课程名称：应用不同资源的重要性

内容：为使学生了解可供利用的信息资源的多样性、许多资源具有趣味性、特定资源与特定学科之间的联系而专门设计的一项活动和讨论。

方法：

(1) 让学生尽可能多地说出各种不同的信息资源。如果学生有困难，可以提示教科书就是一种信息资源，由此来启发他们。把学生的答案写在黑板上。

(2) 检查一下已经列出了多少种信息资源。其中一些（可能是大多数）会是印刷物（如书、报、杂志等）或者印刷物的集中地（如图书馆、书店等），其他的可能是互联网、电视和电影。

(3) 现在让学生再思考一些不常见的资源：列出的单子上包括人吗？什么样的人可以是信息资源？必须是某方面被承认的专家才能被当作信息资源吗（民意调查和口述历史是两种重要的信息源，因为它们不用去咨询"专家"）？这个单子上包括一些不是印刷物的集中地的地方吗？什么样的地方可以成为信息资源（如旅游景点、博物馆、商店、工厂、历史景点等），必须是能拥有或者提供印刷物的地方才能被当作信息资源吗？这个单子上包括一些不是印刷物或其他现代传媒的"东西"吗？什么样的东西可以是信息资源（如楔形符号或旧影集等工艺品）？

(4) 在课堂上，运用头脑风暴法列出另一个信息资源的单子。这一次尝试着把目标集中在那些非印刷物组成的信息源。

(5) 当头脑风暴法结束后，再回头看一遍单子，并让学生解释是什么原因使他们认为这些是信息资源，从每一个资源当中能够获得什么。

(6) 为了强调一遍，再让学生回想他们曾经遇到过的一些其他的信息资源。

(7) 告诉学生运用其他信息资源要求具备信息搜集的技巧，这与学生们习惯使用的方法不同。

（8）选择一个主题布置一个写作任务，让每个学生思考或列出三种可能的信息资源，然后写下他们将怎样从这些资源中搜集信息。

（9）在班级中分享各自的观点，并讨论其他可以获取信息的途径。

（10）课程结束时要求学生把他们认为运用多种信息资源的优点和缺点列下来，与学生交谈，看看怎样可以解决学生列出的问题。

• **新教师的课程计划**

课程题目：运用多种资源

（1）问学生在他们完成学校作业、设计和任务时，通常采用什么样的信息?

（2）让学生讨论可供利用的信息种类，提供三种教师最常用的搜集有关讲课内容信息的方法。

（3）让学生提出一些不太常用的信息类型和资源，将它们分类列在黑板上。问学生以前是怎样使用这些资源的，以及他们运用这些资源都完成了哪些任务。

（4）选择一个主题布置一个写作任务，学生可以对选择什么样的题目发表意见。当具体题目确定之后，要求每一个学生提出三个不同的涉及该题目的信息资源，强调三个信息资源中至少有一个是不太常见的。要求学生在家中完成任务，第二天在课堂上展示给其他同学。[①]

从以上案例中我们可以清楚看到专家型教师和新手教师之间的区别。新手教师要想成为专家型教师，非一日之功，遵循着专家型教师的发展路径，教师们可以踽踽而行。但这里可能有一个问题，就是教师究竟如何才能成为"专家型教师"，了解什么是"专家型"教师并不意味着教师能成为一名"专家型教师"。有人说，站在十字路口很好啊，起码还有四个方向，而站在旷野中就不同了，哪里都可以走，但往哪里走很难抉择。其实教师们的专业发展途径有很多，这里只讲两点：对话和反思。

1. 对话

对话是一个时髦的话题，从来没有哪个时代像今天这个时代，对话已成为它的"关键词"，成为人们达到目的的有效策略。对话是心灵的交流，是灵魂的沟通，是坦诚

①余文森，连榕等．教师专业发展[M].福建教育出版社，2007.11

的对白。哲学家马丁·布伯说过，对话是"从一个开放心灵者看另一个开放心灵者"。显然对话是提高教师教育教学水平的一个好策略，也是教师成长的一条好途径，有利于教师的快速成长。

对话得有对象，教师要想加快成长，要同多种渠道对话。其中一个主要的渠道便是书籍。"问渠那得清如许？为有源头活水来。"教师的成长、教师的发展、教师的快乐，都可以从阅读中得到。教师应该有一个书香人生，校园应该书香四溢。一个善于读书、热爱读书的教师，必将影响他的学生也读书爱书；一个书香四溢的校园，肯定是一个充满人性关怀的校园。

【教育课堂】

与经典为友

特级教师李镇西在《别冷落了经典》一文中写道：

如果比起当今一些喜欢玩弄时髦术语、晦涩理论的伪学术著作，真正的教育经典名著真实平易近人。请打开孔子的《论语》，夹叙夹议，而又穿插着孔子与弟子之间生动的对话；请打开卢梭的《爱弥尔》，作者把自己描写成一个教师，把爱弥尔描写为理想的学生，叙述了爱弥尔从出生到20岁成长和受教育的全过程，从中阐述了作者"自然教育"的思想；请打开马卡连柯的《教育诗》，在一个个有血有肉、栩栩如生的人物形象中，在一个个跌宕起伏、曲折动人的故事里，蕴含着教育家的教育思想、教育机智、教育技巧、教育情感……请打开苏霍姆林斯基的《育人三部曲》，听他一边讲述故事，一边抒发感情，一边阐述理念，真是一种享受；更不用说中国现代著名教育家陶行知了，他的教育著作也深入浅出，用老百姓的语言谈深刻的教育道理，他还用诗歌甚至儿歌来表达对教育的理解。经典之所以是经典，不是因为深奥而是因为深刻，而这"深刻"又往往是通过非常朴素的形式表达出来的。[①]

除了读书，教师要想快速成长，还要与人对话交流。萧伯纳说："你有一个苹果，我有一个苹果，彼此交换一下，我们仍然是各有一个苹果；但你有一种思想，我有一

①肖川.教师的幸福人生与专业成长[M].新华出版社，2008.8.

种思想，彼此交换，我们就都有了两种思想，甚至更多。"教师要不断与人交流思想，才能快速进步。

【教育课堂】

教师对话的对象

• **教师间对话**：对话交流是教师之间的信息交换和经验分享，只有经常不断地进行交流，一个教师才能从同伴那里获得有价值的信息、经验甚至是比较成熟的教育教学模式，少走弯路，获得快速发展。教师间充分的对话交流，无论对群体的发展还是个体的成长都是十分有益的。教师通过彼此间的信息交换可以在最大范围内促进教育信息的流动，从而丰富每位教师的信息量和感性认识，为进一步的学习准备条件。

• **与专家、名师对话**：在教师中广泛开展"与专家、名师对话"的系列活动，与名家结对子，读名师、专家的书，听名师、专家的课，说名师、专家的事，走名师、专家的路。教师应从名师、专家那里汲取精神营养，品味奋斗的艰辛，感受追求的快乐。同时教师个人也要拟订个人发展的规划，不断学习，不断创新。

• **与学生对话**：教学相长，教师与学生共成长、同发展，也是教育的需要。明智的教师非常注意和学生对话。现代教师要明确自己的教学职责，就是给学生的学习提供优质服务。只有与学生对话才能更好地理解学生的学习需要和其他合理的要求，才能提供适合学生需要的服务。学生是不可或缺的教学资源，在教学中教师可以从学生那里得到意想不到的思维方式和出人意料的答案，这样就丰富了教育的思想内涵，拓宽了教学的内容，获得了教学相长的教学效果。[1]

2. 反思

1989 年，波斯纳提出一道公式：经验＋反思＝成长。作为教师要自觉主动地在

---

[1]谢友明.论促进教师专业发展的两条途径[J].教育探索，2005 (5).

教育教学实践中批判、考察自我的主体行为表现及其行为产生的依据，通过回顾、诊断、自我监控等方式，或给予肯定、支持与强化，或给予否定、思索与修正，从而不断提高自身教学效能。自我反思，是指教师个人以自己的教学活动为对象，对其中的教学行为、教学现象和教学问题进行审视、分析、探讨、研究，从而最终解决问题并促进自身专业发展的过程。自我反思是教师成长的基础，它有助于教师提炼教学经验。一个教师只有成为反思型实践者，经常以自己的教学行为为反思的对象，深入思索、深入研究，才能不断更新教学观念，提高专业素养，改善教学实践，提升职业生活的质量。

【教育课堂】

教师如何进行自我反思

教师要对自己的教育教学行为和全面发展状况进行系统的自我反思，要充分认识自身的优势和不足，可从以下五个方面进行。

思所得，发扬长处，发挥优势：

作为教师，每一堂课总有自己满意的地方，也就是成功之处。或是教学过程中达到预先设计目的的做法，或是教学过程中突发事件的应变过程，或是教育学、心理学中一些基本原理运用的感触，或是教学方法上的改革与创新，或是双边活动开展得很成功，或是在备课时未曾考虑到而在课堂上突然迸发出的灵感和火花，等等。无论哪一方面有有益的收获，课后及时反思，这样日积月累、持之以恒，并把它们归类整理，提升形成一些带有规律性的东西，供以后教学时参考使用，并在此基础上不断地改进、完善、推陈出新。这样对提高教师的课堂教学能力，探索课堂教学改革的思路，形成自己独特的教学风格，会大有好处。

思所失，汲取教训，补其不足：

众所周知，任何一节课，即使教师的备课十分细密，慎之又慎，也不可能十全十美。如：对教材处理不当；对教学中的偶发事件估计不足；对每个问题的阐述有所偏颇；或者感到某个问题的处理力不从心等。对他们进行回顾、梳理，并对其做深刻的反思、探究，使之成为引以为戒的教训。只有敢于正视自己的不足，才能不断走向成功。因此，思所失既是教师对学生高度负责的表现，也是不断提高自身教学水平的客观需要。

思所疑，加深研究，明白透彻：

这里的"疑"包括两个方面：一方面是学生的疑点。每节课下来，学生或多或少会存在某些疑问，有时课堂上无法及时解决，教师把从学生方面反馈过来的疑点记录下来，细加琢磨，有利于今后的教学和复习，更具有针对性。另一方面是教师方面的疑点，教师对教材中的问题并非一下子就可以理解得十分透彻，有时甚至是似是而非。通过课堂教学，教师自己会感受到这些，把它记下来，促使自己今后对这方面的问题加以研究，使之明白透彻。

思所难，化难为易，水到渠成：

在课堂教学中，对教材难点的突破事关整个教学的成败。所谓教材的难点，是指教师难讲、学生难学的知识点。如果我们每一轮都把教材难点的处理方法、教学的信息反馈或效果、今后改进的教学设想等写下来，并且进行深入细致的分析、比较、研究，长期坚持下来，必将极大地提高教师处理教材难点的能力，化难为易，再帮助学生突破难点，使其加深对教材的理解。

思创新，扬长避短，精益求精：

一节课下来，教师应静心沉思：摸索出了哪些教学规律，教法上有哪些创新？知识上有哪些发现？组织教学方面有哪些新招？解题的诸多误区有无突破？启迪是否得当？训练是否到位？等等。及时记下这些得失，并进行必要的归类与取舍，考虑一下再教这部分内容时如何改进，写出新教学设计，这样教师就可以做到扬长避短，精益求精。特别是可以为自己下一年的同期教学提供极好的帮助，避免再走弯路，从而提高自身的教学能力和水平。[①]

---

①谈谈教师自我反思 .http://xa.xdf.cn/publish/portal28/tab3590/info159463.html.

教师职业生涯规划行动：成果体现

各位教师，在清晰认识自己以及明确了自己的职业角色定位之后，在理清教师职业生涯发展的路径之后，我们该开始行动了! 有道是"想是问题，做是答案，输在犹豫，赢在行动"，有道是"一等二靠三落空，一想二干三成功"，如果仅限于理论研究和资料阅读，我们永远不能通过教师职业生涯规划来改变我们的职业生涯和我们的生活。我们应当即刻行动，为自己量身定做一个适合自己的职业生涯规划的方案，并立即实施。

／进行教师职业生涯规划的步骤／

现在我们跳出理论探讨，直接进入行动阶段。要开始职业生涯规划，教师们要从哪里开始? 具体要做些什么呢?

认识自己及评估环境 ／

在第三章中，我们详细探讨了教师要了解自己哪些方面以及如何进行自我评估，事实上，教师在评估自己的同时，也要评估周围环境。每一位教师都是一个完整的世界，没有重复，各有特色。开辟教师心灵深处的荒漠，真正地了解自己是迈进自我成长路程的第一步。而学校和周围环境能为教师提供多大的发展空间? 学校领导注重教师的持续发展吗? 学校和周围环境为教师的发展提供了多少可供利用的资源? 对这些问题的回答可以反映出学校和周围环境对于教师的成长来说也是至关重要的。

【教育课堂】

自我评估方法

第一步：取出 8 张白纸、1 支铅笔、1 块橡皮。每张纸的最上边分别写上"我是谁？""我想做什么？""我能干什么？""环境支持或允许我做什么？"4个问题。

第二步：静下心来，排除干扰，按照顺序，独立地仔细思考每一个问题。

第三步：回答第一个问题"我是谁"。可以随意地自由发挥，写下每一个浮现在脑海里的答案；写完了再想想有没有遗漏，确定没有遗漏后按重要性排序。

第四步：回答第二个问题"我想做什么"。从小时候开始想起，回忆并记录每一次萌生想做什么的念头。随年龄增长，回忆自己真心想做的事情并记录，直至确认没有其他念头了，按重要性进行排序。

第五步：回答第三个问题"我能做什么"。把确实已经证明的能力和自己认为还可以开发出来的潜能都一一列出来，确认无遗漏后按重要性进行排序。

第六步：回答第四个问题"环境支持或允许我做什么"。环境包括单位、本市、本省、本国和其他国家，自小到大，只要认可自己有可能借助的环境，都应在考虑范围之内。在这些环境中，认真想想自己可能获得什么支持和允许，想明白后一一写下来，再依重要性进行排列。

第七步：把前四张纸上的内容按照排序后的顺序依次重新写在另外四张纸上，一字排开，认真比较第一至第四张纸上的答案，将内容相同或相近的答案用一条横线连起来，你会得到几条连线，而不与其他连线相交的，又处于最上面的线，那就是你最应该去做的事情，你的职业生涯就应该以此为目标。[①]

---

①钱杭园，李文丽. 学会学习与职业规划 [M]. 科学出版社，2010.9.

确立教师职业生涯规划的目标 /

许多人埋头苦干，却不知所为何来，到头来发现追求成功的阶梯搭错了边，却为时已晚。目标就像茫茫大海上的灯塔，为我们的航行指明了方向。因此，在实行自己的职业生涯规划之前，要确定自己的职业目标。正确的目标决策能引领我们达到成功的目标，错误的目标决策会让我们品尝失败的苦果。教师职业生涯规划就是一个不断选择确立目标的决策过程，在职业的不同阶段都会面临不同的选择。当人们面临不同的选择时他们要根据自身情况和客观条件分析各种可能性，然后对各种可能性进行分析，最终做出正确的目标决策。

（一）确定教师职业生涯规划目标的作用

无目标的努力，有如在黑暗中远征。目标是人们预期达到的结果状态，是人们实施未来行为的指南。教师职业生涯规划的目标，实际上就是探讨一位教师在从教生涯中要成为什么样的教师？他的一生要怎样度过？怎样才能使从教生涯过得有意义、有价值？怎样才能取得成功？怎样才能拥有幸福人生？教师职业生涯目标是指引教师成长和发展的导航标。

1953 年，有人对耶鲁大学应届毕业生进行了一份问卷调查。统计结果显示，3% 的学生有明确的目标并写成了文字，97% 的学生基本上没有明确的目标。20 年后的 1973 年，追踪所有参加过问卷调查的学生的现状，结论使追踪者十分吃惊，3% 的人拥有财富的总和比 97% 的人拥有的财富总和还多得多。可见 20 年前目标的有无决定了 20 年后被调查者的命运。所以我们说，目标对于人生来说作用巨大。

【教育课堂】

确定目标的作用

一个人要获得事业的成功，须按照人生成功的规律来制订行动的目标和规划。确定目标具有以下几方面的作用：

• **目标使我们产生积极性**。你给自己定下目标之后，目标就在两个方面起作用：它是努力的依据，也是对你的鞭策，目标给了你一个看得着的射击靶；随着你努力实现这些目标，你就会产生成就感。

- **目标使我们看清使命**。每一天，我们都可能遇到对自己的人生和周围世界不满意的人。你可知道，在这些对自己处境不满意的人中，有98%的人对心目中喜欢的世界没有一个清晰的图画，他们没有改善生活的目标，没有一个人生目的去鞭策自己。结果是，他们继续生活在一个他们无意改变的世界上。

- **目标有助于我们安排轻重缓急**。制订目标的一个最大的好处是有助于我们安排日常工作的轻重缓急。没有这些目标，我们很容易陷入跟理想无关的日常事务当中。

- **目标引导我们发挥**。当我们不停地在自己有优势的方面努力时，这些优势会进一步发展。最终，在达到目标时，我们自己成为什么样的人比我们得到什么东西重要得多。

- **目标使我们有能力把握现在**。人在现实中通过努力实现自己的目标，正如西拉尔·贝洛克所说："当你做着将来的梦或者为过去而后悔时，你唯一拥有的现在却从你手中溜走了。"虽然目标是朝着将来的，是有待将来实现的，但目标使我们能把握住现在。[①]

（二）教师职业生涯规划目标的确立

教师职业生涯规划的目标是教师在对外部环境和个人条件分析的基础上对未来职业生涯发展的达成状态进行的预设和计划，它是教师个人在了解自己与周围环境之后建立起来的，这些内容前文已述，这里仅讲目标确立问题。教师在对自身的实际和学校的发展环境进行分析之后，其对自身发展的潜力和发展的空间有了一个全面的了解，教师成长的目标也就逐渐凸显出来。缺乏目标引领的教师是没有追求的教师，也是蛮干的教师。

①钱杭园，李文莉.学会学习与职业规划 [M].科学出版社，2010.9.

教师职业生涯目标的确立

职业生涯目标的确立由职业生涯发展路线的选择、职业生涯发展目标的选择、职业生涯目标的制订三者构成。

- **职业生涯发展路线的选择**：职业生涯发展路线的选择是指向教育教学研究方向发展、或是向教书育人方向发展，还是向行政管理方向发展。不同的发展路线对教师的素质要求不同，其今后的发展阶梯也不同。当然，教师在路线抉择中需要明确三个问题：想往哪一路线发展？适合往哪一路线发展？可以往哪一路线发展？每个人的基础素质不一样，适合职业发展路线也不一样，有的适合做研究，有的适合做管理，有的适合做专职教师。总之，权衡确定自己的发展路线，需要综合考虑自己的个性、兴趣、能力、价值观与社会组织环境条件。

- **职业生涯发展目标的选择**。路线确定之后，接着就要确定目标。有效的职业生涯设计需要切实可行的目标，以便排除不必要的干扰，全心致力于目标的实现。在一般状态下，如果没有目标，教师很容易对现状妥协，因此要特别提倡关注长远目标。

- **职业生涯目标可以分为短期目标、中期目标和长期目标**。短期目标较易制订，其要求应是堂堂清、日日清、周周清，学期、学年目标也应算作短期目标；中期目标3—6年；长期目标（10年左右）也可以说是教师的职业人生目标。职业人生目标是我们最终的理想。

- **职业生涯目标的制订**。"职业生涯目标的确立"最终是要落实在"制订职业生涯目标"上的。用什么来检验制订标准呢？有的学者提出了五条标准：①这种制订是自我认真选择的；②对每种被选择的结果，在选择时都曾一一不漏地做过评估；③你为自己的选择结果感到骄傲，并充满信心且愿意公开；④愿承诺并付诸行动来完成自己的选择结果；⑤它适合自己的整个生活模式，符合自己的价值观。我们认为，这五条标准同样适合教师职业生涯目标的制订。[①]

可以说职业发展目标是教师制订职业生涯规划的重要内容。很多教师对自己的职业生涯规划并不清楚，觉得教师的职业生涯就是天天上班、上课、批改作业，如此反复若干年，然后等着退休。甚至有的教师会说，一辈子就是教英语了，教案都能倒背如流了，还做什么职业规划啊。事实上，教师只有明确了自己在职业生涯不同发展阶段的职业目标，才能够做到立足现在，把握未来。新课程改革为每一位教师都提供了平等的自我发展的契机和平台，教师只要对职业生涯规划有清醒的认识，按照职业生涯规划设计的目标，一步步踏实走好，就会不断地取得事业的成功。

【教育案例】

邓亚玲的个人发展计划

个人发展目标

基本要求：

1. 坚持把课堂作为工作的首要和重心，不断进行探索和创新；

2. 坚持写随笔，记录观察到的、由所闻所见所读所做而想到的、一直在思考的、希望能够进行突破的等等与教育教学工作和职业专业化发展相关的一切感悟；

3. 坚持用研究的方式对待工作中的问题，把写论文作为实践总结的最好方式。

近期发展目标：2010 年前（33 岁前）

1. 顺利完成教育硕士课程的学习；

2. 在教育技术专业期刊上发表一篇论文（必须在毕业论文开题前完成）；

3. 通过写教育硕士毕业论文，提高课题研究和论文写作的基本技能；

4. 下乡支教，了解农村信息技术的真实现状，接受不同环境下的挑战和磨炼；

---

①程振响. 教师职业生涯规划与发展设计 [M]. 南京师范大学出版社，2009.7.

5．尝试班主任工作，为以后进行德育工作做好准备；

6．尝试进行综合实践活动课的教育教学实践及研究。

中期发展目标：2015 年前（38 岁前）

1．任一届班主任，写好班主任工作日志及随笔，做好德育研究实践及论文撰写工作；

2．每年在专业期刊上发表 1—2 篇满意的论文（包括教学设计）、随笔或其他类作品，越多越好；

3．取得 1—2 个卓有成效的课题成果（教育信息化；教育技术；信息技术教育；综合实践活动；班主任工作）；

4．筹划一本反映信息技术课程教育教学和信息技术教师生存及工作状态的书。

长期发展目标：2015 至 2020 年前（43 至 48 岁前）

1．在信息技术课程（综合实践活动）教育教学领域走出适合自己的路子，出一本记录自己教育生活的书；

2．在班主任工作方面累积一定的经验和成果，最好也能在文章发表和出书方面做出努力；

3．独立思考的硬功，能够从体系研究的角度进行更深更专的探索。①

制订行动计划与实施 ╱

教师要达到个人的发展目标，应该抓住关键要素，制订行动策略，进而全心全意地去完成。制订行动计划是教师为了实现职业生涯目标而采取的行动，即由具体的措施和活动构成的行动方案，一般而言是具体的，可行性较强。教师可以根据自己的发展目标，综合多方面的环境条件，确定达到目标所需的发展内容和实现发展计划所采取的活动。

①韩冬梅.谈教师的职业生涯规划 [J].长春教育学院学报，2011 (2) .

（一）做比想重要

马克思在《哥达纲领批判》中说过："一打纲领不如一个实际行动"。在确定了教师职业生涯目标后，关键在于行动。没有达到目标的行动，就不能达到目的，充其量也不过是纸上谈兵、画饼充饥而已。这里的行动指的是落实目标的具体措施，主要包括教育教学实践工作、岗位培训、自学、向他人学习等一系列教师自身提高的措施。例如，为了达到目标，在工作方面，你采取什么措施以提高自己的教育教学效果？在业务素质方面，你计划怎样提高自己的教育教学能力？在人力资源开发方面，你采取什么对策来开发自己的潜能？这些都需要有具体的计划与明确的措施，并且这些计划要特别具体，以便今后操作检查。

【教育课堂】

实施行动计划

1. 经常回顾你的构想和行动规划，必要时做出变动。有些人计划，但总是不将计划放在心上，加之缺乏时间观念，结果贻误发展机会。

2. 如果你的理想蓝图已经发生变化，那么你的行动规划也应该做出相应的变动。计划毕竟是计划，需要和现实结合起来，动态性地管理，否则缺乏灵活性，也会导致计划落空。

3. 把你的方案张贴在你的办公室里，或存入电脑里，或贴在经常可看见的地方，时刻提醒自己，尤其要注意日程表。

4. 当你做出一个对工作和生活极其重要的决定时，请考虑一下你的构想和行动会不会与你的职业目标相矛盾。在有些情况下，可能有一些重要的诱因，能够获得短期的收获，但从长期考虑，有损失。这就需要你的冷静思考，权衡利弊，做出符合职业发展的决策。

5. 保证至少每三个月检查一次你的工作进度。过程监督十分重要，监督可以发现计划的问题，可以考察计划的落实情况，可以有针对性地提出解决方案。在实施职业规划的过程中，由于计划与现实的差距，有时会出现一些新的情况，要随时引起注意。如感到工作和生活过于舒坦，那就意味着目标定低了，需要适当地调高目标。这样，可以使自己的目标难度更合理，使成就感更高。①

（二）职业生涯决策方法——SWOT 分析法

SWOT 分析法是由美国旧金山大学管理学教授于 20 世纪 80 年代初提出的一种综合考虑企业内部条件和外部环境的各种因素，进行系统评价，从而选择最佳经营战略的方法，目前已广泛应用于组织策划中。其中 S 代表 Strength(优势)，W 代表 Weakness(弱势)，O 代表 Opportunity (机会)，T 代表 Threat (威胁)。在这四个因素里，S、W 是内部因素，O、T 是外部因素。

SWOT 分析法也是一个职业决策的非常有用的工具。如果你对自己做个细致的 SWOT 分析，那么你就很明确地知道自己的个人优点和弱点在哪里，并且你会仔细地评估出自己所感兴趣的不同职业道路的机会和威胁存在。一般来说，在进行 SWOT 分析法时，应遵循以下四个步骤：

1. 评估自己的长处和短处

世界上没有两片相同的叶子，同样也没有两个相同的人。我们每个人都有自己独特的价值观、性格、兴趣和能力，就如同医院里缺少全科医生一样，学校里也没有样样精通的教师。评估自己的长处，在职业生涯规划中可以依托自己的长处并使之长足发展；评估自己的短处也很重要，因为你可以基于这个判断为自己做出两种选择：一是努力去改正你常犯的错误，提高你的技能，二是放弃那些对你不擅长的技能要求很高的职业。你可以通过列表来列出你认为自己所具备的很重要的强项和对你的职业选择产生影响的弱项，然后再标出那些你认为对你很重要的强、弱项。

2. 找出你的职业机会和威胁

我们知道，不同的行业都面临不同的外部机会和威胁，教师职业也是这样，所以找出这些外界因素对于一位教师来说是至关重要的，因为这些机会和威胁会影响到你的职业发展。

①陆露.中小学教师职业规划的实践研究 [D]. 华中师范大学硕士学位论文.2008.5.

3. 提纲式地列出今后五年内你的职业目标

仔细地对自己做一个 SWOT 分析评估，列出你在职业发展中的第一个五年内最想实现的三个职业目标。请时刻记住，你必须竭尽所能地发挥出自己的优势，使之与学校环境能提供的工作机会完满匹配。

4. 提纲式地列出一份今后五年内的职业行动计划

这一步主要涉及一些具体的东西，请你拟出一份实现上述第三步列出的每一目标的行动计划，并且详细地说明为了实现每一目标，你要做的每一件事，以及何时完成这些事。如果你觉得需要一些外界帮助，请说明你需要何种帮助和你如何获取这种帮助。

【教育课堂】

高校青年教师职业生涯规划 SWOT 分析

高校青年教师职业生涯规划的优势（Strengths）分析

任何个人立足于竞争日益激烈的当代社会，都取决于自身的优势。优势，来自于与同类其余部分的比较。高校青年教师作为高校教师的一部分，相比于中老年教师有其独特的优势，主要表现在：第一，年轻气盛。青年教师的生理能力正处在高峰期，拥有充沛的体力去完成各种艰难的任务，能承受住各种压力。第二，学习能力强。青年人由于生理上的优势，拥有比中老年教师更好的学习能力。第三，容易接受新思想新观念。青年人思维敏锐、开放，尚未形成固定的思维方式，容易接受新知识、新观念。同时，高校青年教师进行职业生涯规划的优势也是明显的。一是青年教师处于职业的起步阶段，有时间、有精力对自己的职业生涯进行规划；二是青年教师还有较长的职业发展道路，规划的必要性、可行性显然高于中老年教师。

高校青年教师职业生涯规划的劣势（Weaknesses）分析

第一，专业化程度不高。专业化可以有两种理解，一位青年教师所从事的某一门学科、专业的研究，二是高校青年教师作为教师的专业性。

第二，经验不足。高校青年教师入职的时间不长，所积累的经验不多，而高校教师的工作往往都是需要一定的工作经验方可完成的。

第三，心理素质不强。按照马斯洛的需要理论，每个人都有受尊重和自我实现的需要。青年人争强好胜，更渴望得到别人的认可。高校青年教师入职前大多是学习的佼佼者，入职后也会投来无数羡慕的眼光。然而，任何职业的开始都是困难的，高校青年教师往往在入职之初受到许多的职业困扰，面临的种种问题让很少经历磨难的高校青年教师无所适从。

高校青年教师职业生涯规划的机会（Opportunities）分析

第一，关注青年教师的发展是高校发展的需要。高校教师是大学的核心，他们承担着培养高素质人才的重任，青年教师是高校教师队伍的重要组成部分和未来的希望。高校的发展依赖于青年教师队伍的质量，其发展水平影响着高校未来的走向，因此，高校组织已经意识到关注青年教师的重要性，也在逐步加大对青年教师发展的指导，为青年教师的发展提供了良好的平台。

第二，关注高校青年教师发展是社会转型期的需要。我国正处于社会转型期，从社会整体到教育内部，都将面临着重大的改革，改革的推动力从何而来？生命力旺盛的高校青年教师是国家科技文化的核心人才，其拥有巨大的发展空间，能为教育改革甚至社会转型出谋画策和贡献力量。

高校青年教师职业生涯规划威胁（Threats）分析

第一，就业竞争日益激烈。随着我国经济体制改革力度的加大和职业结构的不断变化，高等教育大众化进程的不断推进，我国出现了劳动力相对剩余的局面，社会就业形势日趋严峻。人才需求相对饱和，人才市场竞争激烈的背景必然给高校青年教师带来巨大的压力。

第二，多元价值观的诱惑。在当代，多元文化成为事实，多元价值观也逐渐形成，拜金主义、功利思想不可避免，而收入相对较低的高校青年教师如没有坚定的信念，很可能放弃教师这一职业。

第三，家庭压力的增大。高校青年教师不仅处于事业的起步阶段，住房问题、婚姻问题、儿女的出生、父母的赡养也是其重要的压力来源。[①]

①伍尚海. 高校青年教师职业生涯规划 SWOT 分析及策略 [J]. 贺州学院学报，2011 (8).

评估与反馈 ／

俗话说：“计划赶不上变化快。”影响职业生涯规划的因素很多，有的因素是可以预测的，还有很多因素是难以预测的，比如说入职适应、职场压力、职业高原期、职业倦怠等等。因此，要使教师的职业生涯规划行之有效，教师还需要经常审视内外环境的变化，不断地对职业生涯规划进行评估与修订。教师要经常回顾自己的构想和规划，根据内部因素和外部环境的变化在必要时做出相应的调整。如果你的理想已经发生了根本性的变化，那么构想和行动规划都要进行调整和变动，毕竟，职业生涯的规划要紧密联系现实，教师要对自己制订的职业生涯规划进行动态管理。教师在对自己的职业生涯规划进行评估和反馈时要注意如下四点：

- 关注最重要的内容；

- 分离出最重要的要求；

- 找到突破方向；

- 关注最弱点。

“春蚕到死丝方尽”，教师是一个崇高的职业。朱永新先生在《新教育之梦》一书中这样描述一个理想的教师形象：

- 理想的教师，应该是一个胸怀梦想、充满激情和诗意的教师；

- 理想的教师，应该是一个自信、自强、不断挑战自我的教师；

- 理想的教师，应该是一个善于合作、具有人格魅力的教师；

- 理想的教师，应该是一个充满爱心、受学生尊重的教师；

- 理想的教师，应该是一个勤于学习、不断充实自我的教师；

- 理想的教师，应该是一个关注人类命运、具有社会责任感的教师；

- 理想的教师，应该是一个坚忍、刚强、不向挫折弯腰的教师。

成为一名“理想的教师”，这是每一位教师最朴实的职业理想。几十年的漫漫职业从教生涯，就是一场有目的的人生航行，要想成功到达彼岸，毫无疑问，最为关键的就是航行的方向和路线。教师要想获得自身的全面发展和成功的职业生涯，就需要进行科学合理的职业生涯规划，这样才能够真正成为自己职业生涯的设计员和领航员。

/ 如何撰写教师职业生涯规划书 /

根据著名职业生涯学研究者与培训师程杜明博士提出的职业生涯规划包括的十项内容，我们修订出教师职业生涯规划书应包括的内容主要有以下十个方面：

【教育课堂】

职业生涯规划书的内容

• 题目：包括姓名、年限、年龄跨度、起止时间。

• 职业方向、发展方向和当前可以预见的最长远目标。

• 社会环境分析结果：包括对政治环境、经济环境、法律环境的分析，还包括职业环境分析。

• 学校分析结果：包括行业分析，对学校制度、学校文化、学校管理者、学校品牌和服务、办学理念等的分析。

• 自身条件及潜力测评结果：个人目前状况和发展潜能。比如，有可能从普通教师发展为学校领导。

• 角色及其建议：记录对自己职业生涯影响最大的一些人的建议。

• 目标分解及目标组合：分析制订、实现目标的主要影响因素，通过目标分解和目标组合的方法做出果断明确的目标选择。

• 成功的标准。

• 差距：即自身现实状况与现实目标之间的差距。

• 缩小差距的方法及实施方案。

根据这十个方面，我们来探讨教师职业生涯规划书的撰写方法。笔者认为，教师职业生涯规划书的撰写没有一定之规，只要教师个人对自己有清楚的认识，分析周遭环境，对自己的职业生涯及未来生活能规划出一个行之有效的策略就可以了。主要注意的是规划要发于内心，源于现实，立足当下，展望未来。教师职业生涯规划书可以是只给自己看的，所以不用在乎形式与格式，内容更为主要。当然，这是对于那些有能力有条理地分析自己、理清自己的教师来说的，有一些教师由于以往过于随遇而安，他们缺乏这种规划自己的能力，那么就需要用规范的书写方法与书写格式来帮助他们对自己进行规划。本书也是基于这个目的，让那些善于规划自己的教师能更加全面深入地思考教师职业生涯规划这个问题，也让那些从未对此思考的教师具备对自己进行职业生涯规划的能力。

让我们来通过几个教师职业生涯规划书的实例进一步熟悉教师职业生涯规划书的撰写方法。

小学一级语文教师孙婷婷的职业规划 ／

下面是小学一级语文教师孙婷婷对自己未来五年的职业生涯规划。

自我分析：

从 2005 年踏上工作岗位至今，我收获很多。学校的大力发展与改革，给了我们年轻教师很多机会与发展空间，使我积累了一些个人教学经验。我能热爱教育事业，工作认真踏实，但是在专业素养和专业知识上有许多不足，尤其缺乏对学生心理状态、特征的认识和研究。仔细分析了以下自己的现状，特别是不足之处，罗列如下：

（1）对于教科研方面缺乏探讨研究的积极性，科研能力较差；

（2）课堂教学能力尚可，但还有巨大的发展空间，在教学方法手段上缺乏新意。

发展目标：

通过自己的不懈努力，争取在五年之内不断提升自己的语文教学业务水平，成为区小学优秀教师。

（1）养成良好的阅读习惯，并能有自己的阅读心得或是教育随笔、论文等在市或市级以上教育期刊发表。

(2) 树立终生学习的观念，在不断的综合学习中提升自己的语文素养，成为一个有内涵的教师。

(3) 自己的班级管理能有特色、有成效。为学生营造和谐的学习氛围。成为一个有思想的班主任。成为学生喜欢、家长放心、领导省心的教师。

(4) 锻炼好自己，让自己的专业知识、基本功以及做人都达到一个全新的高度，做一个真正的教育者。

2008—2013 年五年职业规划

2008 年

具体目标：

(1) 认真学习新的教育理念，提高课堂教学水平；

(2) 通读教育理论著作，充实自己的教育理论储备；

(3) 积淀自己的文学素养。

实践措施：

(1) 研读语文新课程标准，通读苏教版小学至高中教材；

(2) 观看名家课堂教学实录，熟练掌握 40 篇课堂教学案例；

(3) 坚持每天读书一个小时以上，勤写读书笔记，撰写读书心得。

预期成果：

(1) 有 2 篇论文在县级获奖；

(2) 有教育专题研究课题。

2009 年—2011 年

具体目标：

(1) 能对教育教学中遇到的问题进行经常反思，提高自己对教育教学的反思能力；

(2) 能独立备课，形成自己的教学风格。

(3) 苦练教学基本功，提高自身素质。

实践措施：

（1）阅读与课堂教学、课改步伐一致的书籍、刊物；

（2）能对教材进行认真研究、解读，对教学过程进行精心设计，在实践中提高自己的教学水平；

（3）每教完一篇课文，及时进行小结、反思。在反思中提高自己的教学业务水平。

预期成果：

（1）有3篇论文参加评比；

（2）参加课件比赛；

（3）研究课题取得成效。

2012—2013年

具体目标：成长为区级小学优秀教师。

实践措施：

（1）认真研读教育理论著作，并做笔记，形成自己的教育思想；

（2）在实践中总结教育经验，多听取别人的意见；

（3）细化课堂教学，提高课堂时效性。

预期成果：

（1）参加市级优质课评比；

（2）写1—2万字自己的教育经验总结。[①]

案例解读：这个案例是一位小学教师目标明确的规划，从中我们可以看出这位教师未来清晰的道路。人生最怕没有目标，同样也怕模糊的目标，常听有教师说"哎呀我得做……了"，说完之后他依旧会我行我素，对于职业生涯或生活方式是没有任何改变的。而这位教师将大目标分解为小目标，把近期目标和远期目标结合，这是非常值得提倡的行之有效的规划方法。如果她能坚持下来，她一定会收获到她想要的成功。

---

①陆露. 中小学教师职业规划的实践研究[D]. 华中师范大学，2008.5.

高校青年教师李喆的职业生涯规划 /

下面是研究生毕业刚刚步入高校的青年教师对自己未来十年的职业生涯规划。

正如康德所说，没有目标而生活，恰如没有罗盘而航行。一个人对自己未来的发展没有一个明确的目标，就像是在茫茫大海中航行的小舟没有指引方向的灯塔一样，只能随波逐流、四散漂泊。职业生涯目标的设计对于一个人的成功极其重要，没有目标，工作、生活就失去了方向和动力，这样人很难获得成功。作为刚刚开始踏入高校教学岗位的教师来说，制订一份合理而且实际的职业生涯规划，可以充分发掘自我潜能，克服在职业生涯发展中的盲目性，增强发展的目的性与计划性，提升竞争的能力和成功的机会。

选择成为一名教师，选择从事被人们誉为"太阳底下最光辉的职业"，我感觉十分的荣耀与骄傲。每个人都有自己的人生追求，希望实现个人的价值，所谓十年树木，百年树人，我想没有什么比教书育人更能实现人的自身价值的发展的了。想要成就一份事业，就要热爱这份事业，我热爱这份职业，同时也热爱每个学生，希望可以把更多的知识和经验传授给他们。当然虽然心中是满怀热情的，但是当真正成为一名教师后，自己还是发现摆在自己面前有很多的困难：在经济方面，教师这门职业是一门奉献的职业，想要赚大钱是不可能的，目前虽然国家一再提高教师的工资水平，可是教师的工资却依然不高，和那些同时毕业的在企业、公司工作的很多同学相比，自己的工作水平就显得很低了，心里难免会有落差。在工作方面，因为是初为人师，在没有找到讲课方法、授课方式的时候，在学生不理解你讲授内容的时候，在备课阶段发现自己有所欠缺的时候，难免会有灰心丧气的感觉。在环境的适应方面，由于自己初到一个新的环境，需要适应的不仅仅是工作环境，还要去适应周围的人际环境，有很多不了解的、很多不会的东西要学习，一时间有一种措手不及的感觉。这些因素，在开始工作的头半年，都给我带来深深的困惑，也曾动摇过我继续从事这份事业的信心。

这里举几个事例来具体说明：

1. 课堂适应的问题。由于自己是新教师，在课堂上经常会紧张，有时候越想讲好，却越是出错。讲课的时候语速不是过快，就是说得含糊不清。甚至有时候还会出现"舌尖效应"，有些东西明明是提前准备好的，到讲的时候却卡在那里说不起来。这一方面，还表现在课下准备的教案很充分，而在课堂上常常是这个知识点已经讲过去了，才发现还有内容可以讲。

2. 和学生的沟通问题。由于自己也是刚毕业的学生，在形象上和现在的学生差不多，所以在课下和学生进行交流的时候，会比较自然，但是在课堂上有时候会很难压住学生，学生的课堂纪律等等不是很好，虽然有时候课堂气氛会比较活跃，但是有时候学生由于过于活跃，会影响到课程的正常进行。

3. 角色转换的问题。首先在形象上还不像教师，在早上上课前学校一般只允许任课教师坐电梯，这时候经常会被误认为学生，不让上电梯，在食堂吃饭的时候，也会被当作学生，在打印社的时候，被问教师节要送什么礼物给老师。但是我想关于角色转换的问题，不仅是外表和形象上的，重要的还是内在的。现在刚从学校毕业，在心理上还没有向一个教师转变，有学生的痕迹。包括平时的思维习惯和语言习惯也是比较像学生，这些都是要注意的。

但是，经过半年的思考，我想自己最初之所以选择这门职业，自己就不仅仅是为了赚钱。更多的是为了实现自己的价值，特别是当你在期末的时候看到学生的进步时，看到自己带的学生在毕业的时候，找到一份好工作时，那种由衷的自豪感，是其他的工作所不能给的。不仅在思想上有所进步，同时在教学上，有很多优秀的老教师给我很多启迪和帮助，通过不断地听课学习，我也掌握了很多有效的教学方法和教学策略，同时通过自己的消化理解，也初步摸索出了一套属于自己的教学方式。最后，在环境的适应方面，半年来，无论是领导，还是同事，都在工作上、生活上给了我很多帮助，渐渐地发现自己生活在一个温暖而又上进的大家庭中，所以适应问题也在慢慢地消融。

当然想要成为一名优秀的教师，自身还有很多不足：首先，在教学经验上存在严重的不足，不知道怎么和学生在课堂上做到有效的沟通，也欠缺很多有效的教学技巧和策略，我想这些在以后的教学实践过程中都是要慢慢充实和学习的。其次，在对多门课程的教学上，对除教学大纲以外的很多学科知识把握的还不是很充分，这样在进行教学过程中，难免会比较枯燥和无聊，无法引发学生的求知欲和好奇心，会影响课堂教学效果。最后，现在强调一名教师要是教学和科研并重的，而在成为一名科研型教师的方面，自己还差很多，还走在起点上。很多科研工作还没有开展和实施。

只有有效地了解自己，才能更好地发展自己、规划自己。所以，根据以上教师职业生涯规划的含义，我将结合实际，谈谈自己10年的教师职业生涯规划。我选择教师，不是把它仅仅作为谋生的手段，而是一种事业来看待。如果把教书完全看成是挣钱的工具，这些人必不安于教书，既不安于教书，自然是教不好书。一位教育家说过，教育是爱的教育，没有爱就没有教育。我非常喜欢这句话。作为一名教师，我是普通的，既没有凌云壮志，也没有豪言壮语。在未来的工作中，我将在平凡的岗位上，把我的职业当成事业来认真看待。我准备10年的生涯规划分为三个阶段：

第一阶段：1—3年，目标是成为一名合格教师。作为一名教师，不仅要有丰富的专业知识，同时还要具有优秀的教学方法和教学策略。在这方面学校为我们新教师提供了较好的外部环境，进校第一学期安排我们听课，由教学经验丰富的老师带着，这一措施有利于我们新教师尽快熟悉教学与学校管理。同时，年青教师上课期间，学校也会组织教学专家组来现场听课，给我们新老师一些有效的建议，使我们可以很快地适应新的环境。所以第一年，我的目标就是多多听课，不仅要多听"师傅"的课，还要听其他受学生欢迎的老师们的课，认真做听课笔记，并与这些教学经验丰富的老师多交流，听听他们的教学心得与建议。及时整理听课笔记和听课心得，以便在未来的教学中作为参考。在自己上讲台后，邀请其他老师听自己的课，并虚心接受他们的批评建议。在听课过程中，在关注教师教学的同时，要注意观察他们是如何管理学生，如何调动学生积极性，如何和学生进行互动。如果获取上讲台的机会后，要争取在三尺讲台上尽可能多地展现出自己所学到的东西，力图自己满意、学生满意、校领导满意。

教育是一个教书育人的过程，既要教好书，还要育好人。现在很多大学老师只注重教书，不太注重育人。作为一名新教师，在教学岗位上要自觉承担起教书育人双重责任。学高为师，德高为范。加强学生的德育教育，不仅仅是辅导员和政工干部的工作，对其他老师来说，不是硬性的、刻板的、简单的说教，而是要结合自身教学的特点，采取灵活的方式，寓育人于教学环境之中。这对新老师来说有一定的难度，但应该有这种理念，并向此方向努力。新教师应注意以身作则，言传身教，在学习、生活、工作等各方面成为学生学习的榜样。所以，在第一阶段，我的主要目标就是适应教学环境，虚心向其他教师学习，不仅要学习一些优秀的教学方法，同时也要学习他们高尚的师风师德。同时，努力学习专业知识，不断完善自己。

第二阶段：3—5年，目标是成为一名优秀教师。拿破仑曾说，不想当将军的士兵不是好士兵。成为一名合格的教师是最低的要求，成为一名优秀教师是我第二阶段努力的目标。为达到预定目标，我打算从以下几方面加强自己：首先，进一步提高自己的教学水平和教学技术，形成自己的教学风格，成为一名教学能手和教学骨干。认真学习教育学、心理学的相关知识，并把它与课堂教学相结合。认真钻研教材教法，加强备课环节中备学生这一部分，切实了解学生的实际需要。合格教师不一定每节课都精彩，优秀教师阶段力争节节课都出彩，成为深受学生欢迎的年青教师。这期间要使自己所教的课程成为校级、省级、国家级精品课程。其次，撰写教学论文与专业学术论文。科研有助于推动教学的开展，尤其是教学论文，其灵感与动机就来自于教学实践。这就要求我们在教学中要善于发现、善于思考、善于总结。同时还要多进行专业知识学习，包括一些本专业前沿的先进理论和研究技术的学习，还有专业学术论文的写作也不能放弃，专业是我们的立身之本，高校教师不仅仅是个教书匠，还要向学者、专家的方向迈进。所以要时常关注本学科的发展状况，了解学术前沿与学术动向。在教学之余，有意识地搞一些专业研究。在职业生涯规划的第二阶段，我的目标是教学科研一起抓，但有所侧重，以教学为主，科研方面以教研论文为主，专业学术论文为辅。

第三阶段:5-10年,立志成为一名学者型教师。现在是一个知识经济时代,知识更新日新月异,要想跟上时代的步伐,必须时时充电。在学校许可的情况下,我希望有在职读博的机会,这是提升自己最好的方式。当然,读博也不是唯一提升自己的方式,平时要采取各种方式丰富自己,提高自己,为以后读博奠定一定的基础。如果真能在职读博,一定要处理好学习与工作的关系。在这一时期,要花大力气搞科研,如果有条件的话,和其他老师合作做一些教学科研项目,例如编写教材、教参、课件。另外,加强专业研究,使学术研究进入到一个新境界,能独立进行学术研究。以上是我对自己近10年教师职业生涯的规划,具体实施情况如何,还有待于根据情况的变化而不断调整。作为教师,要热爱自己的职业,不断地充实自己、提高自己、超越自己、战胜自己。同时还要处理好各种关系,在与学生相处中,本着尊重学生、热爱学生、关心学生的原则,形成融洽的师生关系。在与同事的相处中,本着真诚的原则,严以律己、宽以待人。良好的人际关系使人心情愉悦,对身心健康和工作生活都极为重要。另外,还要处理好工作与家庭的关系,既不要为了工作不顾家庭,也不能一心只扑在家庭琐事上,要合理安排、二者兼顾,达到相互促进、共同发展的局面。

面对未来,我有信心自己可以更好地实现自己的价值,因为在学院良好的外部环境鼓励下,在学校教职员工的相互提携与鞭策下,我想自己的职业生涯规划一定能实现,也定会在自己的人生路程上留下浓重的一笔。

案例解读:这是一个高校青年教师处在入职初期的职业生涯规划,我们可以看到,他的教师职业选择是一个理性的选择,他对未来的教师职业有很多理想的期许,他对自己也提出了很多的要求。我们欣喜地看到,该教师已经能直面在入职初期遇到的困难,并能顺利地驾驭教师这个职业。他对教师职业有自己的理解,对未来的规划也比较合理,我们期许他能坚持,并真正实现他的"学者型教师"理想。

一位中年教师的十年职业生涯规划书 /

下面是一位中年教师在总结自己过往经历后对自己未来十年的职业生涯进行的规划。

光阴似箭，日月如梭，转眼间就进入了中年。回首往事，我感慨万千，在近三十年的教师职业生涯中，培养学生无数，获得荣誉不少。教师职业虽然清苦，但我却感到快乐。我热爱教育事业，我热爱教师职业。按照萨帕和格林豪斯的职业生涯发展理论，我已进入了职业生涯的维持期和职业生涯中期。为了在退休前，为教育事业做出更大的贡献，特制订十年职业规划。

职业现状分析：

本人现年45岁，大学学历，汉语言文学专业毕业，高级职称。1982年开始从事教育工作，工作伊始，从事普教七年，主要担任中学语文教师和班主任，之后从事技工教育和职工干部培训，一干就是十九年。担任语文、政治理论和经济管理类相关课程的教学工作。

二十六年的教学经历，我对自己有了充分的了解，结合同事和学员对我的评价，找出了自己在工作中的优势和劣势：

优势：

1. 热爱学习，知识较为丰富，有普教、职工教育、学历教育、党员干部教育的经历。

2. 热爱本职工作，对于自己所学专业和工作一直抱着乐观积极的心态。教学积极性高，和学生的交流比较有耐心。

3. 善于采集教学资源，能充分利用各方面的信息资料，丰富课堂教学，并能熟练地运用现代化的教学手段来辅助教学。

4. 能独立完成自己的本职工作，并能向有教学经验的教师学习，互相交流，取长补短。

5. 考虑问题能从多角度去思考，周到细致且能集中注意力深入研究教学方法和所授课程内容，创新意识强。

6. 学习能力强，接受新事物迅速，并有很强的适应能力，容易接受现代培训理念。

7.有学生管理的经历，组织教学能力较强。

8.深入学生实际，和学生关系相处很好，能根据不同的教学对象采取不同的教学方法进行教学。

劣势：

1.年纪大，有些倚老卖老。

2.斗志不足，容易松懈，在压力和挫折面前不够坚持。

3.缺少年轻教师那样的活力。

职业环境分析

(一) 社会环境

1.国家对职业培训很重视，所以我没有事业的危机感，能让我安心地进行教学。

2.中石化确定了职工培训中心的未来走向，使教师信心大增，有利于我一心一意搞教学。

(二) 学校环境

1.学校集干部培训、职工培训、党员培训、学历教育、技工教育于一体，为教师的教学提供了一个表现能力的平台。

2.学校对教师的地位逐步重视，有利于调动教师工作的积极性，营造和谐的教学环境。

发展机会分析

1.长期工作在教学第一线的工作经历，给教学水平的提高创造了良好的条件。

2.学校任命我为党建理论教研室主任，压力将成为我发展的动力。

3.各类培训课教学中获得的良好声誉，使我有更多的机会参与教学改革和教学研究。

4.教学经验使我在新课程开发中具有一定的优势。

5.多种培训的高要求使我在今后的培训中有更大的发展空间。

职业发展目标的行动策略

（一）职业发展目标

1. 十年内至少一年被评为"管理局模范教师"。

2. 开发三个以上的精品课程。

3. 开发三个以上的专题讲座。

4. 每年至少写一篇论文，平均两年发表一篇论文。

5. 成为"专家型"教师。

（二）具体措施

1. 积极参加教研室教研活动，学习别人的经验，接受其他教师的意见和建议并从中获得新的经验。

2. 正确参加学校派送的中石化干部管理学院组织的师资培训。

3. 正确参加学校组织的拓展训练师资培训。

4. 积极参加各类培训班优秀教师授课的观摩，提高教学和培训水平。①

案例解读：这是一位中年教师对自己未来十年的职业生涯规划。我们在第一章中就曾谈到：职业规划永不嫌晚。"职业生涯规划"这一词提出的时间较晚，很多教师在了解了"职业生涯规划"的相关理论和相关内容后已经错过了从头开始的机会和时机，但这并不意味着他不适合进行职业生涯规划，可以置身事外，继续做一天和尚撞一天钟。在生命里程中，我们尽可以漫无目的地随遇而安，也可以整理行囊随时重新开始，这是我们的自由。这位教师在这一点上就很值得广大教师学习。

特级教师孙双金的成长之路 ╱

前面我们看到的都是普通教师的成长规划，他们的未来虽然可以预期但我们无从看到，我们还需要一个成功案例来观摩，直观的成功才能让我们感觉到成功的触手可及。其实这样的案例很多。

孙双金，男，1962年出生，情智教育创立者、现任南京市北京东路小学校长。

---

①陈艳，李宜君. 我的未来我做主——教师职业生涯规划 [M]. 克孜勒苏柯尔克孜文出版社，新疆青少年出版社，2009.12.

语文特级教师、中学高级教师。曾荣获全国师德先进个人、全国首届十大明星校长。他自成一派的"情智教学与四小课堂"在全国广有影响。他获得江苏省十大杰出青年等称号,他是江苏省小学语文研究会学术委员会主任,他的事迹收入《江苏教育名人录》、《中国当代教育名人录》和《全国小学语文名师精品录》,他的成长之路是怎样的呢?

【教育案例】

孙双金的成长之路

——我的追求,我的梦 (选编)

小马丁·路德金的《我有一个梦》曾像一阵春雷响彻在世界的上空。

"我有一个梦"成了每个人心中挥之不去的情结。

我的梦想是做一名优秀的教师,让学生沉醉在我的课堂!

我的梦想是做一名优秀的校长,让校园充盈人文的光芒,让每一位师生在我们的校园幸福地成长!

为了这一梦想,我曾呕心沥血,我曾披星戴月,我曾上下求索……

课堂探索篇——我魂牵梦萦的课堂

我从教24年,虽然已担任多年的校长,但从没有离开过我魂牵梦萦的课堂。

我的梦中常常出现上课的情景。我梦中的课堂,学生小脸通红、小眼发光;学生小手直举、小嘴常开;学生兴趣盎然、兴致勃勃;学生思接千载、浮想联翩;学生如沐春风、如痴如醉。学生沉浸在美的画面,诗的境界,爱的怀抱之中。这大概就是我苦苦追寻的诗意的课堂教学境界吧。为了这一境界,我曾"独上高楼,望尽天涯路",我曾"为伊消得人憔悴",我曾"众里寻他千百度"。请让我用拙劣之笔记下我的追求、我的苦恼、我的成长、我的欢乐……

昨夜西风凋碧树,独上高楼,望尽天涯路。

大约是我上初中二年级吧,学校调来一位非常年轻漂亮的女教师。她身材苗条,皮肤白嫩,鹅蛋形的脸上一双眼睛特别明亮。听说她是下放知识青年。学生都喜欢漂亮的老师,一听说她教我们班的物理,我们都暗自高兴了一阵。

一天她教"作用力和反作用力"一章，讲到桥面对桥墩有作用力，同时桥墩对桥面有一反作用力时，可笑无知的我们当时怎么也不明白下面的桥墩怎么会对上面的桥面有反作用力，于是我们就和她争论起来。我清楚地记得，女教师那雪白的脸急得满脸通红，但就是讲不明反作用力来自何方。我们这一帮争强好胜的少年就嚷着吵着到学校教导处，要求教导主任换一位有真才实学的老师教我们物理……

这个片断在我的脑海里烙下了深深的痕迹，它给我的影响太深了。朦胧中，我少年的心里萌生了一个念头：将来我当老师的话，我一定要把知识讲得清清楚楚、明明白白，绝不允许自己急得满脸通红，而学生仍然是稀里糊涂。这恐怕是我第一次心中萌生了当教师的念头吧。

也许是天遂人意，也许是心想事成，"长大后我就成了你"，我真的考上了师范，成了"文化大革命"后走上教师岗位的第一批师范毕业生。1981年暑假，18岁的我怀着对未来无限的憧憬和希望走上了小学教师工作岗位。上世纪80年代初期，是教育战线的又一个春天，教学改革的浪潮一浪高过一浪。"加强双基，发展智力，培养能力"是那个年代的主旋律。公开教学活动此起彼伏。我是正规师范的毕业生，不容分说，公开课的担子历史地落在了我的身上。

……

但公开课上得并不顺利，甚至是失败的。这堂公开教学前的空试教对我的刺激太大了。我曾作为优秀的师范生留在附小，我曾作为300名师范生的代表在师范内上过公开教学，可是一走上工作岗位的这堂试教课叫我终身难忘。他逼着我静下心来认真反思：优秀的教师语言应该充满魅力，我行吗？优秀教师应有深厚的文化底蕴，我的底蕴厚吗？优秀教师应当有丰富的人文情怀，我具备吗？优秀教师应当具备扎实的教学基本功，我有吗？我离优秀教师的标准还相差十万八千呢。是甘居平庸，还是追求卓越？生性好强的我毅然选择了后者。

从此，寂静的校园内出现了一位晨读者，那就是我；从此，我办公室黑板上多出了一块练字栏，我临柳体金戈铁骨，我仿欧体圆润端庄；从此，我的办公桌上、枕头边上出现了古今中外的文学名著、教育名著。中秋佳节，校园内人去园空，我独坐桌前，徜徉在教育的海洋里。新春佳节，拜见长辈和亲友后，我闭门读书，沉浸在《红楼梦》的虚幻中。我思索、我探寻、我迷惘，我在寻找语文教育的真谛，我在苦苦地追求教书育人的"秘诀"……

衣带渐宽终不悔，为伊消得人憔悴。

1985年的秋天，学校能容纳500多人的礼堂内济济一堂，来自省内各大市的教学骨干正在听我执教的古诗《春望》。诗圣杜甫《春望》一诗集中体现了诗人沉郁顿挫的诗风。诗人为"国破山河在，城春草木深"而见花落泪，闻鸟心惊。为了突出诗人忧国忧民情怀，我补充了诗人"平生第一快诗"《闻官军收河南河北》，诗人为平复叛军而喜，为收复失地而狂，为结伴返乡而歌。两首诗一忧一喜，一首是忧极而惊，一首是喜极而狂，正反对照，突出诗人与祖国人民共呼吸、共命运的崇高人文情怀。我详教《春望》，略带《闻官军收河南河北》，一悲一喜，一详一略形成鲜明的对比，给学生以强烈的情感震撼。诗歌打动了听课的教师，我的教学也同样感染了听众。课毕，礼堂内响起热烈的掌声。

《春望》是我第一堂赢得广泛声誉的公开课。课毕，我静坐反思，这堂课之所以成功，我认为归功于：一、教者对教材深入地把握，我整整参阅了10多本教学书籍。我研究了诗人杜甫的诗歌风格，我阅读了杜甫的生平事迹，我查找了这首诗的时代背景，我深入地阅读了这首诗的分析文章，我把握了这首诗的深蕴内涵，我为了吟好这首诗闭门练读了两天。二、教者大处着眼、小处着手的教学设计。对比式教学是大处着眼。而何处讲解、何处设问、何处吟诵、何处留下空白这是小处着手，正因为战略上藐视，战术上重视，为教学的成功奠定了扎实的基础。三、教者入情入境的渲染、描述、吟诵也是这堂课成功的保证。"情感是诗歌的生命"，没有情感就没有诗歌，同样情感也是课堂教学的法宝。没有情感的教学是平淡乏味的教学，没有情感的教学是游离文本的教学。"夫缀文者情动而辞发，夫观文者披文以入情。"在课堂打动学生是情，感染学生的是情，震撼学生的依然是情！我仿佛领悟了教学的"真谛"：要上好课，一要有扎实的功底，二要有精彩的设计，三要有真挚的情感。

潜心研究教学艺术的结果使我在1989年参加全国首届中青年教师教学大

赛又荣获一等奖，使我这个县城的青年教师从此走向了全国语文教学的大舞台。

但是不久我发现我的教学存在问题:什么问题呢? 同一篇课文的教学设计、详细教案，我在此地上课上得很生动、甚至很轰动，而到彼地可以上得很沉闷、甚至很吃力。这是怎么回事呢? 一时我陷入了深深的苦恼中，迟迟找不到问题的答案。有一阵，我谢绝了讲学邀请，重新静心反思、潜心学习，在课堂实践中探索；在理论书籍上思索。有同事和我开玩笑:"孙老师，你已在全国获得一等奖了，难道你还要到联合国去拿奖吗? 何苦和自己过不去呢? "是呀，在一般人看来，我仿佛已功成名就，可以歇一歇喘口气了。但是我一歇下来，几天不看书，几天不研究语文教学，心里就感到空得慌、闷得慌。看来我和语文教学已结下了不解之缘了，这辈子恐怕也无法离开语文教学了。语文教学已融进了我的血液，和我的生命融为一体了。

经过一阵的闭门沉寂，经过一阵的痛苦思索，我发现原来我追求是教师自己所谓的教学艺术，忽略学生学习主体的研究。学生心中有什么疑问我没有去问，而去琢磨如何设计高明的问题；学生学习的兴趣如何激发不去研究，而去琢磨如何"先声夺人"的效果；学生学习方法不去考虑，而去琢磨教师如何运用巧妙的教法让学生学得有趣……我走入了只研究教师、只研究教材，而忽视了学生主体研究的方向。反省之后，我案头多起了学生主体研究的书籍，备课我再也不闭门造车，"运筹帷幄"，更多的是走近学生，倾听童声。倾听儿童的问题，倾听儿童的见解，倾听儿童的心声。走近儿童，让我的教学又走入了新的天地。

众里寻他千百度，蓦然回首，那人却在，灯火阑珊处。

……

教师要想在课堂上挥洒自如，"潇洒走一回"，那么，就应该做有思想、有文化、有情感、有艺术的教师。

教师是学生人生道路上的思想导师。教师应用自己思想的火种去点燃学生思想的火把。一位有思想的教育者要引导学生去思考科学、思考人生、思考社会、思考未来。教师只有认真阅读了古今中外教育家的思想后才能逐步形成自己的教育思想。

教育的一个很主要的功能是向下一代传承人类几千年光辉灿烂的文化。教师理应成为文化人，要有深厚的文化底蕴。书籍应成为教师终身的伴侣。要有一天不读书，就像一天不吃饭那样难受。教师既是一位博览群书的"杂家"，又是一位熟读本专业书籍的"专家"。有文化才有底蕴，有底蕴才有底气，有底气在课堂上才有灵气。

教育全部技巧就是一个字——爱。对教育事业的爱，对教育对象的爱。只有当教师具有博大深厚的爱心，教师在课堂上才能真正尊重学生：尊重学生的人格，尊重学生的见解，尊重学生的差异；才能真心宽容学生：宽容学生的偏激，宽容学生的缺点，宽容学生的错误；才能真正欣赏学生：欣赏学生的优点，欣赏学生的缺点，欣赏学生的个性。

教学是一门科学，教学也是一门艺术。艺术是相通的，我们的教学艺术就应向一切的艺术学习。学习音乐艺术的灵动，学习诗歌艺术的灵秀，学习电影艺术的综合……把教学当作艺术，就不会把教学当作技术，仅仅在如何导入新课、如何过渡衔接、如何结束课文、如何运用电教媒体上捣鼓。

有思想、有文化、有情感、有艺术的教师是大师，大师的课堂就会充满灵动、充满情趣、充满智慧、充满诗意。

在听专家报告时，突然萌生了我的好课观：书声琅琅、议论纷纷、高潮迭起、写写练练。

在随课堂听课时，陡然闪现充满生命活力的好课标准：一堂好课应上得学生"小脸通红，小眼发光，小手直举，小嘴常开"。

在听别人执教《鸟的天堂》过程中，脑中忽然闪过一念：如果说大榕树是鸟的天堂的话，那课堂应该成为师生精神的天堂！学生在课堂上应该是自由的、充实的、快乐的、幸福的。

一篇篇产生反响的文章就在不经意间，在蓦然回首之中产生了。

"昨夜西风凋碧树，独上高楼，望尽天涯路"，这是迷惘中的追求！

"衣带渐宽终不悔，为伊消得人憔悴"，这是痛苦中的执着！

"众里寻他千百度，蓦然回首，那人却在，灯火阑珊处"，这是苦思冥想后的豁然开朗，这是播种后的收获！

有追求，有迷惘，有执着，有痛苦，有播种，有收获，这就是我平凡而充实的人生轨迹。

坚定——"情智教育"，走出自己的路。

也许是我办学有方，也许我名声在外，2003年8月南京市玄武区教育局把我作为人才引进，调我到著名的南京市北京东路小学任校长。踏进北小大门，只见庭院深深，绿树葱茏，廊回路转，墙上学生书画作品清新雅致，文化气息迎面扑来。时任教育部部长的陈至立同志曾在视察北京东路小学后称赞"北京东路小学是我看到的全国最好的小学之一。"登上行政楼楼梯，柳斌同志的题词"含爱生情怀，有育人智慧"一下子跳入眼帘，我眼睛为之一亮，心里为之一颤。一个"情"字，一个"智"字仿佛是"众里寻他千百度，蓦然回首，那人却在灯火阑珊处"，正可谓"踏破铁鞋无觅处，得来全不费功夫。""情智教育"4个字一下子跃入了我的心中。

经过一个学期的了解与熟悉，我找每一位行政领导促膝谈心，我走进每一位教学骨干的课堂深入听课研讨，我和学生座谈，我找家长沟通，我追寻北小发展的轨迹，我研究前任校长的办学思想，"情智教育"的办学思想在我心中越来越清晰，在北小高举"情智教育"旗帜的决心越来越坚定了。

"情智教育"指教育者运用自己的情感和智慧作用于被教育者，让受教育者的情感和智慧和谐共生。我的"情智教育"思路是从情智管理、情智课堂、情智校园、情智活动着手，培养情智教师和情智学生。

我的"情智管理"原则是"三重"：重发现，校长要有一双发现的慧眼，要多发现教师身上的优点和长处；重关怀，关怀出真情，关怀出效益，关怀出凝聚力；重激励，在激励中鼓舞教师，在激励中鞭策教师，在激励中培养教师。我的情智管理策略是：以情换情，用校长的真情换教师对学生的真情，用校长的人格感染教师的人格，用校长的善良、正直、诚信、奉献赢得教师对教育事业爱的感情；以智启智，用价值导向启迪教师，用文化力量感化教师，用头脑风暴点燃教师，用外在智力催化教师；情智交融，培养教师的乐业情怀，培养教师的反思意识，培养教师的读书精神，培养教师研究氛围。

我们的"情智课堂"追求的目标是：课堂上学生"小脸通红，小眼发光，小手直举，小嘴常开"。"小脸通红"说明学生兴奋，"小眼发光"说明学生思维的大门开启了，智慧的火花被点燃了。"小手直举，小嘴常开"说明学生全过程全身心参与到学习中去了，他们充分地表达他们的所感、所思、所疑、所见、所闻。

我们的情智课堂追求的是"登山式课堂"，课堂中让学生经历思维情感攀登的过程，经历由"山脚——山腰——山顶"的攀登体验过程，让学生登思维的高山、情感的高山、文化的高山。

"情智教育"产生了一大批"情智型教师"。家长会后，一批家长的感谢信塞满了"校长信箱"，盛赞教师的爱心和奉献精神。一批教师在全国、全省赛课和论文比赛中屡屡获奖，金灿灿的奖杯堆满了荣誉柜。"情智教育"培养了更多"情智型学生"，帮助希望小学、聋哑学校，孩子们献出的衣服堆积如山；北京东路小学"快乐小队"被评为全国文明小队；娃娃科学院小院长赴北京人民大会堂受到了中央首长接见。

2004年12月23日，南京市小学青年骨干校长在我校举行"校长办学思想"论坛，我介绍的"情智教育"在会上引起强烈反响，校长们纷纷称赞："北京东路小学情智教育找到了教育的真谛，是一项具有强大生命力的特色教育。"

"情智教育"，这是我找到的一条属于自己的教育之路，我将坚定不移地走下去，一直走到那光辉灿烂的理想王国！[①]

案例解读：这是一条坎坷的路，这是一条成功的路，这是一条充满风景的路，这是一条充满思考的路。一路走来，我们不仅看到了孙双金老师的成长轨迹，还看到了孙双金老师的思想轨迹，十分值得广大教师思考和学习。其实，成功有众多版本，但众多版本都有一个相似的因素，那就是有梦想、能坚持，孙老师用他的成功实践了这一点。原来，成功如此令人心醉神迷，原来，成功如此简单。

[①] http://jkzx.furongedu.com/AreaInfo/Templates/Default/ViewInfo.aspx?InfoID=49586.

顺利完成教师职业生涯规划：问题与对策

教师职业生涯规划是一个系统的、长期的过程，非一日之功，即使规划方案的提出与建立是一件很快的事，顺利进行并完成职业生涯规划也要历经几年、十几年甚至几十年。在这样漫长的过程中，教师会遇到各种各样的问题，如阻碍、诱惑、困难。就像一段长长的路，旅人会翻山、过河，但并不影响终点的方向。如果教师遇到这些阻碍该如何呢？本章阐述了教师职业生涯规划中教师会遇到的常见问题，并探讨一下对于这些问题我们应如何应对与超越。

/ 华丽转身——顺利度过入职适应期 /

经过长时间的努力学习，你取得了教师资格；经过了多次的填表和面试，你找到了一份工作；现在到了理论联系实际的时候了。可是，在你第一次正式站上讲台，第一次面对学生的时候，你的心理准备程度如何？教学实践中将出现的具体问题该如何处理？由于种种原因，这些实际问题在你上学的时候并没有人曾向你交代过，那么你该怎么办呢？

教书是一种既精彩又有成就感的工作，但是在初入职的时候，每名教师却有一种每天都要付出很大努力才能应对下来的感觉。入职适应是每一位教师都会遇到的问题，在这期间，新教师会面临很多适应困难。

首先，让我们倾听一下一位新教师的真实想法。

【教育案例】

与一位新教师的对话

研究者：刚踏入工作岗位是什么样的心情？

某教师：可以说是很沮丧。因为1990年我高中毕业进入青岛师专纯粹是因为高考失误，说实话，在此之前从没有当老师的想法，高三时，学校准备保送我到华东师大，虽然这是个十拿九稳上大学的好机会，可是我实在不想当老师。但是命运偏偏会捉弄人，最终还是要当老师，走进学校。

1992年8月，我来到了青岛某中学，那时，高考失误的阴影我始终摆脱不了，再加上走进的学校是一所极普通的中学，办学条件一般，生源和教学质量都不理想，被称为"三类"学校。我没有激动，没有憧憬，也没有理想，心里想，这只不过是一份工作罢了，是谋生的必要条件，既来之则安之。

研究者：第一年的工作环境如何？

某教师：刚工作一切都是那么陌生。教研组里的老教师多，年龄都在45岁以上，加上我也只是位青年教师。老教师都非常敬业，对我的影响很大。

研究者：工作量大吗？

某教师：第一年教两个班语文课，学校还安排我担任新初一的班主任。工作伊始，成天陷在繁杂的班级事务中，学生的问题多得数不清，今天张三告诉我李四骂他了，明天李四又跑来说他的橡皮丢了，后天王五下课打闹被检查的扣分了……，我简直是处在一团乱麻之中，分不出头绪。至于说我的语文教学，反倒成了"副业"，好在有一本《教学参考书》，这可是我救命的稻草，每天晚上，上完夜校的课回家，拿出参考书，把重点内容抄录在语文课本上，这可是我第二天上课必需的。

研究者：担任班主任有困难吗？得到过重要的帮助吗？

某教师：在我毫无心理准备的情况下，我已经成为初一6班的班主任——全校最年轻资历最浅的班主任。当时遇到的问题都是新的，困难挺多的。

记得第一次见到我班的学生是在操场上，全校初一新生排好队伍，等候校领导讲话。各班主任都在自己班队伍前面，整队、维持秩序。面对着60张陌生的面孔，我有些惶然，看到他们一个个小脑袋滴溜溜乱转，用审视的眼光打量着我，我脑子里一片空白，不知所措。当时如果不是学校的团委书记帮我，我班的学生可能半天也静不下来。后来，我就摸索着干，经常观察其他同事怎样处理学生问题，在懵懂中，三年结束了。

研究者：三年中最大的收获是什么？

某教师：我的第一届学生以学生成绩和班级管理皆优的好成绩毕业了，我也因此成为学校年轻教师中的佼佼者，成为大家眼中的有能力、有爱心、有责任感的优秀班主任和任课教师。面对这些，我有点飘飘然：原来教师这么容易成功！只要我喜欢孩子，我就能教育好学生，这是我送走第一届学生之后最大的收获。①

何为新手型教师 ╱

所谓新手型教师，一般是指刚参加教学工作或参加教学工作5年以内的新教师。他们在这个阶段职业发展的主要目标看起来很简单，就是尽快地适应教学环境，与自己的学生建立起融洽的师生关系以及与周围其他老师建立起和谐的同事关系。其目的就是提高心理学上所说的"胜任力"，能在接踵而来的复杂教学环境中对教学问题的处理由手忙脚乱变为应对自如。

【教育课堂】

胜任力解析

"胜任力"这个概念最早由哈佛大学教授戴维·麦克利兰（David McClelland）于1973年正式提出，是指能将某一工作中有卓越成就者与普通者区分开来的个人的深层次特征，它可以是动机、特质、自我形象、态度或价值观、某领域

177

①王峰. 从教学新手到优秀教师——教师成长的个案研究 [D]. 山东师范大学教育硕士学位论文，2007.4.

知识、认知或行为技能等任何可以被可靠测量或计数的并且能显著区分优秀与一般绩效的个体特征。但有的学者从更广泛的角度定义胜任力，认为胜任力包括职业、行为和战略综合三个维度。职业维度是指处理具体的、日常任务的技能；行为维度是指处理非具体的、任意的任务的技能；战略综合维度是指结合组织情境的管理技能。

本着系统性、相关性和可操作性的原则，认为所谓胜任力，是指在特定工作岗位、组织环境和文化氛围中绩优者所具备的可以客观衡量的个体特征及由此产生的可预测的、指向绩效的行为特征。

总之胜任力是指个体具有的、为了达成理想绩效以恰当的方式一贯的使用特征。这些特征包括知识、技能、自我形象、社会性动机、特质、思维模式、心理定势，以及思考、感知和行动的方式。[①]

除了一般性的概念，新手教师可能还有以下特点：首先是年纪轻，多数新手教师都是师范院校应届毕业生，20 岁出头，不超过 30 岁；其次是单身，他们在事业上缺乏家庭和伴侣的支持，同样也可以专心致志不受家庭因素影响；第三为经济状况拮据，新手教师工资较低，而且有结婚生子、买房成家等迫切需求，所以经济压力较为沉重。

新手教师适应问题

近几年，随着各地对教师队伍建设的重视和加强，一大批师范院校毕业生加入了教师队伍，他们在成为提升教师队伍整体素质、优化教师队伍整体结构的主体力量的同时，也带来了新教师所普遍存在的适应问题。在相当多的新教师身上，我们发现，职业适应不良现象不同程度地存在着。他们或者是对教师职业的意义、地位估价不足，不安于当一名教师，人心思走，祈求谋得一个更称心如意的职业；或者是对教师职业缺乏兴趣，意志消沉，抱着"当一天和尚撞一天钟"的混世态度；或者说专业知识水平不高，从业能力不强，自信心不足，总有力不从心之感，不能胜任本职工作，或是终日牢骚满腹，表露出难以施展抱负、郁郁不得志的样子；或者是与学生、与其他教师、

---

① http://baike.baidu.com/view/121872.htm 选编.

与领导关系紧张，与人际环境不相容，缺乏沟通与合作等等。如果任由这种状况发展下去，无论他们是走、是混、是力不从心还是与有关方面发生冲突、对抗，都势必对教育事业造成极大损害。我们从以下几个方面来了解新手教师职业适应会存在的问题。

（一）新手教师教学上的适应困难

教学是教师的主要工作，新手教师虽然在师范院校的学习过程中学习过教育原理或教法课程，也曾经进行过讲课的演练与试讲，但是在实际教学环境与教学过程中，他们依然会面临重重困难。比如说，备课的时候该如何依据学生的能力和现有材料组织教学和进行备课呢？如何根据学生的知识基础和心理特点设计教学过程和选择教学方法呢？在教学中该如何激起学生的学习兴趣、调动学生学习的积极性呢？如何根据学生的个别差异进行因材施教呢？

【教育视窗】

新教师，你在讲台上适应吗？

新学年，一批新教师又加入到了教书育人这个光荣的行业。他们踏入新的工作岗位，在神圣的三尺讲台，挥洒自己的青春和激情。在新的岗位上，他们适应吗？日前，记者分别到我市一些中小学进行了采访。

"刚上课的那几天，我紧张得晚上睡不着觉。总是想到现在的学生对老师很挑剔，担心自己上的课不能被学生认同，又担心自己对知识点把握不准而没讲好。"金老师是我市一所中学高一的教师，面对记者的采访，她还沉浸在新当教师的新鲜感和紧张感中。

初为人师，金老师曾有些困惑，她说："在上课前，虽然我很认真地备了课，但在课堂上却总是发挥不出预想的效果。有时，对教学目标也感到很茫然。"

"学校里有着丰富教学经验的教学高手很多，老师间的竞争也很大。因自己刚踏入教坛，经验不足，所以有时对自己都没有底气。"学校严格的教学管理和竞争机制让金老师感到了较大的压力。不过，金老师的适应能力还可以。

上了半个月的课，并听了一段时间的课后，她感觉自己慢慢进入了状态，也逐渐喜欢上了教师这个职业。

对于本学期刚参加工作的英语教师梅清平来说，也有着与金老师相似的感受。虽然经验不足，但梅老师有一套自己的方法。第一天站在讲台上，她就对比自己小几岁的高中生说："当我站在讲台上时，我是同学们的老师，希望能够得到同学们的尊重。课后，我就是你们的姐姐，你们有什么都可以和我交流。"一下子，就拉近了与学生的距离。

突然从学生到老师的角色的转变，梅清平也感到有一定的压力。她说："目前，自己感到最大的困难，就是如何更有效、更有目的地进行教学。让学生学得轻松，融乐于学，自己也教得轻松。但在当前的高考体制下，老师们的很大一部分压力还是来自于学生的成绩。"

梅清平告诉记者："由于自己以前实习过，对上课也不算很陌生。只是希望自己尽快能够把握教材和各知识点，并找到更能适合学生的教学方式。我知道无论走上什么新的岗位，一般都需要一两年的适应过程。我希望这个过程变得更短一些。"

梅清平说："对英语教学的目的，绝对不仅仅是让学生能够在考试中考出好成绩，更重要的是要尽可能多地让学生开口讲英语，把英语作为一种交流工具。自己的理想教学方式是让教学达到融会贯通的境界。同时，教师要真正地为人师表，树立威信，必须从自身的言行做起。不仅在教学上要能够胜任，在自己的言行举止上也要为学生树立一个典范。"

在采访中，记者了解到，一些新教师因年龄与学生相差不大，容易与学生走得比较近，跟学生之间没有什么代沟，这是年轻教师与老教师相比的优势所在。但年轻教师的组织教学能力及对教材的把握方面又往往比不上经验丰富的老教师。而大部分年轻老师们都表现出对教育事业的热情和自信。①

（二）新手教师班级管理上的适应困难

不仅是教学行为，新手教师在班级管理上也存在很严重的适应困难。不久以前，

---

① 李丽龙 . 新教师，你在讲台上适应吗 [N]. 宜宾日报，2009-9-17.

新手教师自己还是一名学生，但一转身，他就要面对并管理学生，当面对的是一个陌生的班级集体，这些精力旺盛的儿童或是正处在青春期的少年，他们会遵守课堂纪律吗？他们会认同一名新教师吗？如果自己和颜悦色，学生会不会认为这个年轻教师很好欺负？如果自己疾言厉色，学生还会向自己敞开心扉信任自己喜欢自己吗？无疑，当班级管理较差时，无序和混乱会占用学习时间，并且耗费教师的精力。管理不善会导致学生的纪律问题，学生的持续不良品行会阻碍教师运用参与性和互动性的教学方法，而往往正是这些方法能够促进学生的成绩、积极学习，包括合作性分组、学习中心、方案性教学、实验和操作性运用等。初任教师往往把他们的大部分精力和注意力都集中在教学上，这样就很少有时间对班级管理进行计划，在管理学生行为上就容易出现问题，从而对自己在这一方面问题的解决能力产生怀疑，感到不确定、同时对学生服从性的期望也会降低。

【教育视窗】

新教师要过"班主任关"工作表现为定级转正依据

新参加工作的教师要采用助理班主任形式进行培养，其工作表现作为定级转正考核的重要依据。这是记者从近日出台的《关于进一步加强中小学班主任工作的意见》中了解到的。

班主任工作是中小学教育中特别重要的岗位，今后济南市各中小学校要制订班主任培训计划，对于新参加工作的教师要采用助理班主任形式进行培养，其工作表现作为定级转正考核的重要依据。学校选聘的班主任必须有一年以上教育教学工作经历。

我市各中小学校还将结合自身实际，评聘首席班主任，把教学经验丰富、教育理论修养较高、管理成绩突出的优秀班主任选拔出来，从人力、物力、时间和政策等方面给予支持。首席班主任实行任期制，每2~3年评聘一次，由学校进行定期考核和管理。

同时，我市将合理增加中小学班主任补助，将班主任工作记入工作量，并提高班主任工作量的权重。学校将优秀班主任的表彰奖励纳入教师、教育工作者表彰奖励体系之中，每年表彰一批优秀班主任。班主任工作实绩与教师职称评定、年度考核、选拔任用等结合起来，对长期担任班主任的教师特别是优秀班主任教师，在进修培训、选拔任用等方面优先考虑。[①]

（三）新手教师对学校人际关系的适应困难

社会是一个大学校，学校是一个小社会。师范毕业生从大学校门中走出，以教师身份进入一个新的学校、新的环境，面临着一轮新的适应。他们除了要适应教学和班级管理问题，还要进入和融入学校社会和政治系统。他们可能会有一种孤立感，于是自然而然地有一种强烈的感受：希望被学生、家长、教师和管理者接受的愿望。然而，由于缺乏社会知识和人际交往经验，他们往往觉得在处理与同事（尤其是中老教师）、校长、家长和校外有关方面的关系上，困难重重。同时，由于学校的快节奏、与其他教师的隔离以及由于对其他教师、学校情境以及学校社会和政治组织的不熟悉，使他们很难在学校文化中找到一个位置，建立一个专业关系的网络。

【教育调查】

与同事相处时的感受和经历

教师 A：刚刚工作的时候就是感觉累，跟很多同事的相处啊，像我们这所学校还不错，像老教师对我特别的照顾，你犯点小错误她也会直接说你，她会说："你可不可以这样"或者"你这样做是不是会更好"，他们就会用这种口吻商量着来，不会因为你是刚来的就叫你去给我干这个或者干那个的，所以感觉过得很好。……其实在我刚刚来的时候有人对我说，你要去的学校，也许工资待遇确实不错，但是人际关系特别难相处，你想自己发展可太难了，要么你就有很大的背景，要么你去和他们相处，他们会排挤你，尤其你是新来的，那种欺生的现象特别严重。可我觉得我们学校这些人，挺好的，从领导到普通的老师。因为我们学校小，老师少，而办公室很大，一个科任办公室，一个班主任

---

①新教师要过"班主任关"工作表现为定级转正依据[N].济南时报，2007-5-4.

办公室，所以呢，人多在一起相处，说话肯定显得比较好，谁什么脾气也就都知道了。今天谁生气了，明天又没事了，嘻嘻哈哈就过去了。

其实刚来的时候真的也有点不适应，感觉那个时候，自己好像得了自闭症，自己只想找个小屋（计算机教师），自己呆着，干自己的事情。其实也不是不愿意和他们沟通，可总怕自己也许哪句话说不对了，哪句话就招别人不乐意听了，或者不高兴了，觉得不值当的。而现在想想，你不和别人沟通，人家怎么和你沟通啊，你越离他们远，也就越不好相处了……

教师 B：比如，讲一个上传下达的事情吧！有一天，上面要你传达组里的一些东西，底下一些老师之间有矛盾，我又不知道，我就和他们说了，等我和那老师说完了，他就说："让他自己和我说。"然后我就没办法了，如果我回去说，叫他自己去说，他肯定会认为我表达不清楚，能力有问题。……遇到这种事情我就需要慎重地考虑考虑，如果我回去和他说呢，肯定会觉得我表达不清楚，而不说呢，肯定会耽误事情了。所以啊，工作了之后，这人际关系一定要搞好了，摸清楚教师之间的问题是最基本的，熟悉每个教师，因为在一起工作不能自己做自己的，是需要协调的。

工作都需要一个过程，慢慢习惯就好了，我觉得在一个大的学校里面肯定有人际关系的问题，因为学校很大，老师很多，不能够全面接触，只能接触自己附近的几个人。①

正确认识新手教师的入职适应 ╱

有很多新手教师在度过其必须经历的入职适应期时，由于繁杂的班级管理工作、无从着手的教学、毫无头绪的人际关系处理等等诸多问题，会产生动摇、惶然、尴尬以致自信心备受打击，甚至从此一蹶不振。其实入职适应是每一名从业者都会面对的问题，不仅仅是教师一职。所以我们要正确认识教师的入职适应问题，以更快、

①李玉华，魏健. 入职适应阶段教师心理解读——两位小学教师成长的质性研究报告 [J]. 当代教育科学，2006（6）.

更顺利地度过入职适应期。

首先，新手教师的成长是其自身不断建构职业信念和价值取向、丰富专业知识和专业技能的过程。这个过程会耗时很久，所以教师不能急功近利，真正地建立起科学的发展观，学校和社会也要给新手教师创造一个有利于其自身发展的宽松的环境，要赋予教师一定的成长空间。

其次，我们要正确地认识新手教师成长过程中出现的诸多不适应的行为，这是多数新手教师的必经之路。要使新手教师尽快度过入职适应期，学校和老教师要帮助新手教师从"认识自身"入手，正确对待入职适应期出现的不适应问题。这是一个难得的经验累积过程，如果新手教师面临着自己难以独立处理的问题，不妨向有经验的老教师多多请教，这并不意味着自己能力欠缺，经验对于教师处理问题也是一个十分重要的方面。

第三，新手教师的入职适应过程时间长短因人而异，有的教师可能很快适应，而有的教师可能需要 2 到 3 年甚至更长的时间。这可能是由于不同教师具有不同的学习经历、不同的性格特点、不同的职业认识水平等原因，这些都是在教师专业发展过程中应该承认的差异。不能肯定适应快的教师成长一定会快，也不能否定适应慢的教师将来有可能成长为具有熟练教育教学技能的专家型教师。

第四，我们应该结合择业意识和择业行为的分析，进一步加强对新教师入职期的职业意识、职业行为和反思能力等方面的指导，研究探索好的思路和做法，帮助他们迅速适应日益变化的教育改革与发展的要求，适应新课程改革的要求，早日成长为熟手型教师或专家型教师。

最后，不得不承认，客观上确实有个别的新手教师是不适合从事教师职业的，他们可能会表现出更强的不适应性，持续时间也会更长，他们很难接受帮助及时获得改变。所以有条件的话，还是建议这些教师进行职业倾向测试，并根据测试结果重新考虑他们的职业趋向，以选择更加适合他们的职业。

/ 投袂而起——化压力为动力 /

我们先来看一则新闻：

教师职业压力大 六成心理有疾病

本报讯 昨天，记者从中小学教师心理健康教育论坛上了解到，在此前朝阳区进行的一项对本市 30 所学校 1700 余名教职员工进行的调查显示，66% 的教师心理健康存在一定问题。

调查显示，66% 的教师心理健康存在一定问题，其中，48% 表现为轻度症状，12% 为中度症状，2.7% 表现为重度症状。数据显示，在幼儿园、小学、初中、高中教师中，小学教师在抑郁、焦虑、强迫症状等心理健康问题因素的检出率均为最高，而初中教师各因子检出率相对较低。调查分析认为，这可能由于教育部门更多地关注具有中考和高考压力的中学教师的心理健康，而小学教师心理健康多被忽视。事实上，小学教师工作任务量大而烦琐，需要付出的心智和时间并不比中学教师少，并由于其工作效果的隐匿性，其工资待遇、社会地位、社会评价均低于中学教师，所以小学教师更易产生心理问题。

在分年龄阶段的比照中，31 岁至 40 岁年龄段教师的心理健康状况最差，其次是 30 岁以下年龄组，而 50 岁以上年龄组心理健康状况最好。调查分析，31 岁至 40 岁的教师大多是学校的骨干，他们的社会期望值和自我期望值较高，除了繁重的教学任务外，还要承担班主任、科研以及一些社会工作，再加上家庭负担较重，致使他们职业压力大。[①]

教师被称为人类灵魂的工程师，承担着百年树人的重大责任。社会和大多数家长认为，孩子在中小学时期能否受到良好教育，将直接关系到孩子的成长和一生的发

---

①教师职业压力大 六成心理有疾病 [N]. 北京青年报，2011-4-12.

展，因此对教育和教师工作提出了非常高的要求。但是，这个崇高的责任对于一些教师来说也是负担，尤其在教育越来越被重视的当下，教师因为职业工作而引起的心理压力和由此引发的一系列问题，更加突出和普遍，这一点在开篇的新闻中可窥见一斑。教师这个职业确实能给从业者带来非常大的压力，我们需要清醒地认识到这一点，才能有效地应对。

教师工作压力从何而来 ／

教师压力是教师在面对职业活动中各种因素引起的威胁性情境或不良事件时，所出现的生理或心理上的紧张状态。压力源又称应激源或紧张源，是指对个体的适应能力进行挑战，促进个体产生压力反映的因素。通常用"压力源"这个词来说明教师的压力来源于哪里。鉴于我国教师工作的质量标准和考核标准，再结合国外已有的研究，我们将我国教师的工作压力源确定为以下几点：

- **工作负担重**：据调查，我国中小学教师人均日常劳动时间为9.67小时，比其他岗位和一般职工日平均劳动时间多出1.67小时，其中睡眠时间比一般职工平均少1小时，娱乐时间少半小时，积累起来，年超额劳动时间为420小时。有一些教师除课堂教学、备课、批改作业、课外辅导等教学工作以外，还有指导课外活动、上公开课、教研活动、班主任工作等。教师工作名目繁多，无尽无休的繁重的教育教学任务给教师带来心理压力。

- **不科学的教育评价制度**：有些学校目前还单纯地以学生的学习成绩来鉴别教师的教学成绩，如此职业绩效评价的简单化，使人不容易得到成就感的心理满足。这种单一的以学生学习成绩来鉴别教师教学业绩的评价理念与方式，限制了教师发挥积极性和获得成就感，削弱了教师对自身可持续发展的需求动机，加大了教师对其职业的忧虑。

- **学生问题和学生家长的过度干涉**：现在学生的素质参差不齐。一部分学生迷恋上网络，没有心思学习；一部分学生自暴自弃，不愿接受教师的管教；一部分学生又对教师怀着极高的期望，希望教师通过高超的教学技巧让自己轻轻松松地学会所有知识；在极个别的情况下，师生之间还会出现很深的、甚至很严重的矛盾或冲突。而且目前，社会普遍认识到教育的价值，家长望子成龙的心理比以往任何时候都强烈。很多家长以孩子为中心，对教师的工作提出了许多过高的要求和过分的期望，给老师以巨大的压力。

• **工作内容的高重复性**：教学工作是一项常规性的工作，教学内容的不断重复，教学方法的不断熟练，容易使人产生不新鲜感，逐步丧失对教学内容和教学方法的研究、探索兴趣。当一个人感觉在机械重复做事情的时候，倦怠感就不可避免地产生了。

• **成就感的滞后性、不确定性**：教师即使付出巨大的劳动对学生因材施教，也可能获得不了满意的成就感，因为学生的改变从单一的学业成绩上较容易衡量，但学生在兴趣、态度、价值观方面发生的改变是缓慢的、难以准确评价的。有时候学生所发生的改变与教师的努力不成正比。

• **新课改的职业压力**：新课改的重点之一，是让学生的学习产生实质性的变化，提倡自主、探究和合作的学习方式，逐步改变以教师为中心、以课堂为中心的局面，促进学生在教师指导下主动地、富有个性地学习。教师需要从学习方式、教学活动和师生关系等方面进行反思和实践，许多教师对此感到困惑和不知所措，职业压力随之而来。

• **学校人际关系复杂化**：同事之间积极和谐的竞争，带给教师的压力是良性的。但是学校领导有意无意地涉足恶性竞争，任由消极或恶性竞争发展，就使得教师生活在危机之中，使教师时刻担心自己的岗位，教师之间的人际关系也相对紧张，心理压力很大。

• **付出－回报不平衡**：工作付出可以从社会交换中获得回报。回报通过三种媒介实现：金钱、社会尊重和工作机会（包括工作安全）。在消费（付出）与获取之间不能互惠时（如高付出和低回报），就会在情绪和生理的层面上使个体产生持续的紧张反映。

- **职位不适当**：主要表现是人与事不匹配，包括两个方面。第一是个体不具备所担任职位要求的技能或能力；第二是教师在所担任职位上没有能够全力发挥技能或能力的机会，即大材小用。个体如长期处于这种不匹配的工作状态下，会因为这种不适当性而造成工作情绪的不稳定性，这是造成教师个体压力的重要原因。

- **非主科任课教师不受重视而产生心理不平衡**：在当前教育实践中，学生、家长甚至学校领导重视语文、数学、外语等主科，轻视体育、音乐、美术等学科，使得这些学科的任课教师感到心理失落，由此带来有形无形的心理压力。

教师工作压力作用如何 /

（一）压力的消极作用

如果向一个气球内充气，气球因为受到压力而膨胀。可是无限地充气，气球无限地膨胀下去就会涨破。如果人们将一个人的身体看作是那个气球，将气球受到空气的挤压，而膨胀看作是教师们受到了外界的各种刺激而感受到了压力，如果说气球有一个承受压力的极限的话，那么教师们的身体同样也有一个承受压力的极限。人的心理压力如果超过了承受的极限，就会产生各种生理、心理的问题，从而影响工作影响生活。

【教育调查】

教师心理健康调查报告 八成老师压力巨大

2011年《海峡都市报》联合福建省心理学会、福州博智市场研究公司，对我省中小学教师展开了心理健康的调查。本次调查采用国际公认的《SCL—90心理健康量表》和自编的心理问题调查表作为工具，涉及工作状态、工作压力、角色、人际关系、情绪等部分。

此次调查共获得265份有效问卷，其中男性教师128人，女性教师137人；中学教师151人，小学教师114人。

调查结果一：四成教师常常焦虑

SCL—90调查发现，近半数教师的心理健康受到不同程度的影响。其中，29.4%的教师有轻度心理障碍，9.7%的教师有中度心理障碍，3.5%的教师已构成心理疾病。58.1%的教师感到压力大，经常出现焦虑情绪、强迫症状。

在被调查的教师中，高达42.5%的老师常常感到疲劳，38.1%的老师处于烦躁、焦虑之中，33.8%的老师出现了失眠或睡眠状态不好，30.6%的老师觉得不安。还有的老师出现了过敏、多疑、抑郁、精神不振等症状。

调查结果二：八成老师压力巨大

备课、上课、改作业，这是教师工作的基本环节。那么，教师一天的工作时间有多长？调查显示，只有32.5%的老师"每天工作在8小时以下"，除此之外，41.3%的老师每天工作8～10小时，17.8%的老师每天工作10～12小时，还有8.4%的老师每天工作甚至达到了12小时以上。

与此同时，26.5%的老师认为，自己的工作量已经是"超负荷"。对于工作的付出，有44.9%的老师认为自己"付出超过回报"。

在对工作压力的调查中，只有21.5%左右的老师认为"没有什么压力"，另外八成左右的老师认为压力巨大。其中，47.1%认为"压力很大，但可以承受"，31.4%的人已"无法承受"。

从研究教师工作压力的源头来看，升学率当之无愧地成为"罪魁祸首"。收入低、工作量太大、人际关系紧张与同事竞争紧随其后，成为造成教师工作压力的四大原因。[①]

压力除了会对教师心理健康产生负面影响，对教师的生理健康也会产生消极影响。工作压力对人的躯体的影响，是在神经、内分泌、免疫三个系统之间的多重双向交流的过程中，出现神经——内分泌——免疫调节障碍而形成的。主要的病症有过敏

---

①教师心理健康调查报告 八成老师压力巨大 [N]. 东南网－海峡都市报，2011-9-9.

性疾病、糖尿病、腰痛头痛、胃肠溃疡和腹泻或便秘、高血压、心脏病、神经衰弱，甚至得精神疾病。

（二）压力的积极作用

有这样一个故事与大家分享：

老船长的压力效应

一艘货轮卸货后返航时，在大海上遇到风暴。水手们惊慌失措，老船长果断命令水手们立即打开货舱，往里面灌水。

随着货舱里的水位越升越高，随着船一寸一寸地下沉，依旧猛烈的狂风巨浪对船的威胁却一点一点地减少，货轮渐渐平稳了。

船长望着松了一口气的水手们说："百万吨的巨轮很少有被打翻的。被打翻的常常是根基轻的小船。船在负重的时候是最安全的。空船时则是最危险的。当然这种负重是要根据船的承载能力界定的。适当的压力可以抵挡暴风骤雨的侵袭。但如果压力是船不能承受之重，船就会如你们担心的那样，消失在海面。"这就是"压力效应"。[①]

上面我们看到了很多压力带给教师的消极作用，仿佛压力是一只老虎，在教师身后如影随形，随时威胁教师的心理健康和生理健康。其实不都是这样的，就像刚才我们分享的故事，我们没有必要"谈压力色变"，排除一切任务和要求，以免对自己造成压力。因为适当的压力反而会有助于我们的工作。

其实压力和工作效率之间的关系是一个倒 U 形曲线，如果压力太小，工作效率反而会降低，大部分人在这种情况下都表现出对工作失去激情，动机不明，情绪也会很低落。这时，通常会听到"有点压力我会干得更好"之类的话，这其实就是暗示着人们当前的压力不足。而在一般情况下，随着压力的增加，个体的精力得到发挥，表现的状态更好，也就是说，适度的压力有利于个体保持良好的状态。运动员常常在参加大型比赛的时候能够超常发挥，取得平时训练不曾达到的成绩，这就是因为竞赛的适度压力，提高了他们的应激能力，使他们达到了最佳的竞技状态。然而，如果压力

① http://blog.hbte.com.cn/user1/14270/archives/2007/78157.html.

持续的时间太长或是来自工作内外的压力继续增强，超过了个人所能承受的"适度点"，此刻个体的表现就变差了。长期的过度压力会导致身体和精神上的疾病，使人们饱受痛苦，同时还会降低工作和生活效率。如果个体忽视了这些危险的信号，那么就会进入崩溃和筋疲力尽的阶段。

投袂而起——化压力为动力

压力对于教师是一把双刃剑，既有积极作用又有消极作用，所以教师应该正确应对压力，积极应对压力，发挥压力的积极作用，更好地面对工作、面对人生！

（一）理性认知——乐观对待压力

其实对于一些教师来说，有些压力是不必要的，是教师用非理性认知方式来解释事件时产生的。所谓非理性认知方式，是以负性思维或不合逻辑的观念来看待人或事物，其基本特点是将一般人认为正常的事情当成自己的压力源。教师在工作中，如果以非理性认知方式不断重复认知曲解和思维错误，最终会导致自己的情绪和压力问题。

【教育课堂】

非理性认知方式的主要表现

心理学大师埃利斯在 1962 年总结出十一种主要的非理性认知方式，他认为这是具有普遍意义的，通常会导致各种各样的心理症状。

• 在自己的生活环境中，每个人都绝对需要得到其他重要人物的喜爱与赞扬。和自己接触的人必须都喜欢和赞许自己，如果不是这样，那就糟糕透顶，不能忍受。

• 一个人必须能力十足，在各方面至少在某些方面有才能、有成就，这样才是有价值的。

• 某某人绝对很坏，所以他必须受到严厉的责备和惩罚；人必须公正而周全地做事，否则他就是一个邪恶的人，必须受到严厉的谴责和处罚。

• 事不如意是糟糕可怕的灾难。

• 人的不幸绝对是外界造成的，人无法控制自己的悲观、忧愁和不安。

• 对可能（或不一定）发生的危险与可怕的事情，应该牢牢记在心里，随时考虑到它的发生。

• 逃避现实比直面生活中的困难和承担生活中的责任，更加容易一些。

• 一个人应该依赖他人，而且应该依赖一个比自己更强的人。自己的生活能力和工作水平不行，必须找一个比自己更强的人做后盾，否则自己的生活和工作很难做好。

• 一个人过去的经历对现在的行为起决定作用，而且这种影响是永远不可改变的。我过去的经历是引起现在的情绪和行为的主要原因，这些经历将永远影响我。

• 一个人应该关心别人的困难与情绪困扰，并为此感到不安和难过。其他人的不安和动荡也必然引起自己的不安和动荡。

• 遇到的每个问题都应该有一个正确而完美的解决办法，如果找不到这种完美的解决办法，那是莫大的不幸，真是糟糕透顶。

• 埃利斯认为，世界上有些事情根本就没有答案，凡事都要追求完美的解决办法是不可能的，完美主义只能使自己自寻烦恼。

教师在工作中非常容易出现非理性的思维方式，平白给自己增添了很多不必要的压力。教师们可以通过不断的反思来努力发现自己是否产生了某种思维错误。如果知道自己有了非理性的习惯性思维，就要认真对待它，有意识地进行调整。

【教育课堂】

教师易出现的非理性思维方式

• **非此即彼式思维**：总是主观地看待事物，认定某件事必定会发生或必定不会发生，常用"必须"或"应该"的字眼："我必须……""你必须……""周围环境必须……"。有这种情形的教师将事情、情境或者人看作是黑的或者白的，没有什么中间状态。

- **"贴标签"式思维**：评价事物好以偏概全，只及一点，不及其余。

- **黑暗式思维**：对工作和人际关系，总是关注其消极的一面。

- **消极因素泛化的负性蔓延式思维**：这样的教师经常以一件不顺心的事情为基础，预测多件事情的结果，而且这些事情的结果都是不好的。

- **正面折扣式思维**：这样的教师会将重要的积极事件理解为不重要的或者没有好处的事件。

- **乱猜疑式思维**：有的教师是神经过敏，有的教师是"以小人之心度君子之腹"。

- **小题大做式思维**：这样的教师总是倾向于把事情的重要性、危险性成倍地夸大。

- **懒人式思维**：这样的教师通常不想承担责任，特别是应该由自己承担的责任，反而将责任归咎于他人。

- **垃圾筐式思维**：这样的教师将一些不应该由自己负责的事情一股脑地归咎于自己。

- **担心式思维**：这样的教师总认为自己的成绩、名誉和外在评价都是名不副实的，迟早有一天会"露馅"，于是每天惶恐不安。

- **听之任之式思维**：这样的教师降低了自己应对逆境或受挫境遇的忍耐力，在不顺利的事情面前，遇事就持如下想法："爱怎么样就怎么样，听天由命吧。"[①]

能够抵抗压力的人都有一个习惯，即对导致压力的事物能以自己的方式去认识、去解释，从而让生活变得更有意义。即使他们对生活不甚满足，也会自己找理由高兴和满足。他们能够在每片乌云上都找到光亮的边沿，乐观，即是他们对事物的认知方式或解释方式。

乐观是个体对前途充满信心和快乐的精神状态或先占观念。将乐观作为一种认

---

①李虹编. 教师工作压力管理[M]. 中国轻工业出版社，2008.10.

知方式，可以使个体对人、事、物持积极态度，而在主观上形成精神愉快。心理学的研究发现，乐观可能防止疾病的产生，它通过复杂的机制改变有机体的生理参数或改变不良行为，所以说持有乐观情绪的人是一种具有"自我治愈"个性的人。乐观之于教师并非是不现实的，也并非是教师一定不愿意接受或直面消极的客观环境。教师正确的乐观方式是把精力集中于正确的部分，而不是哀叹错误的部分。这其实就是一个注意力的问题，采用这种乐观方式的人们会在周围找证据说服自己：生活是好的，自己的一切也都是顺利的。当厄运袭来，乐观的人会恢复得更快，因为他们会从逆境中寻找教训，会继续为生活增添新的意义。乐观，可以是一种教师为应对压力的防御机制。

(二)有效应对——教师职业压力的调适

乐观虽然是对待压力的一种好方法，但是面对压力一味乐观不能说是最好的做法。前面说过，压力是一把"双刃剑"，压力大了不行，没有压力也是不行的。压力可以成为教师不断完善自我、不断成长的不竭动力。下面为教师们介绍几种调适压力有效的方法，希望广大教师能实现：投袂而起——化压力为动力。

研究表明，人们往往趋向于逃避那些他们认为压力过大、需要付出努力较多的任务。但是，逃避不是值得提倡的应对压力的方法，因为人们不久后就会发现，逃避虽然能暂时躲开压力源，却并不能因此而彻底消除压力。与之相反的是，随着时间的渐渐紧迫，心理压力也会越来越大。对于这种越逃避越壮大的压力，一味乐观地转移自己的注意力是不可取的，可取的做法是立即行动，直接找出压力源并解决它，这是从根本上解决压力的"釜底抽薪"之法。

这样说起来很简单，但做起来不很容易。作为一名教师，他的工作往往会错综复杂、千头万绪，在一个甚至更多个事件同时让你必须面对的时候，你往往会不知从何处做起。不做吧，压力会累积越来越大，做吧，纷繁芜杂，一件事没等做完又来一件事，于是你疲于应对。其实事情远非你想象那样复杂，工作虽然接踵而至，但是其轻重缓急是各不相同的。因此，按照工作的重要性和紧急性来完成任务是十分重要的，这就是要进行有效的时间管理。

现在"时间管理"是个很时髦的概念，相关的理论和书籍非常多。在这里笔者为大家介绍斯蒂芬·科维的观点以与广大教师分享。斯蒂芬·科维在其代表作《高效能人士的七个习惯》和《要事第一》中，提出了有效时间管理的理论和方法。

【教育课堂】

有效时间管理

斯蒂芬·科维强调要围绕事情的轻重缓急来安排自己的时间和精力，而不是优先安排自己的工作进程本身。他建议我们将自己的工作任务和项目分成四个类型或者象限。如图：

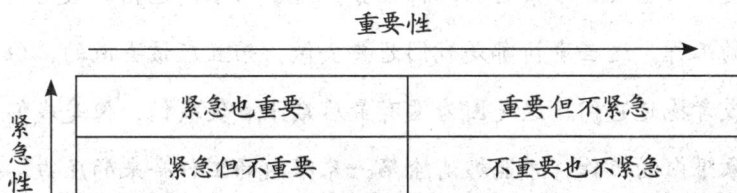

重要性

紧急也重要	重要但不紧急
紧急但不重要	不重要也不紧急

紧急性

图6.1　压力事件的两维度模型

在上图中，第一象限内表述的是既紧急又重要的工作，通常是一些需要立刻引起注意的危机或者问题。虽然任何象限内所包含的工作需求，都有潜在的压力，但显而易见，第一象限中所包含的工作任务具有提高自身压力水平的最大潜在性。你向第一象限的工作任务投入的时间越多，任务量就会越膨胀扩大，这是因为你没有积极有效地管理时间以及很好地预防未来可能发生的种种问题。

当你完全沉浸在第一象限工作任务中的时候，你会希望从第一象限的工作中解脱出来，并且去做一些稍微轻松容易的工作，也就是第四象限包含的工作。虽然那样做可能会提供暂时的休息，但是这种做法不可能使第一象限的工作负担以及其内部固有的潜在压力明显地降低。

当人们在第三象限包含的那些紧急但不重要的工作上花费大量时间的时候，通常是因为他们以为这些工作真的非常重要并且包含在第一象限当中。这种做法往往是受他人期望的影响，因为对这些人来说那些事情可能是非常紧急也非常重要的，但是这并不意味着对你自己也是紧急或者重要的工作，除非这些工作任务符合自己的发展目标。

第四象限内的活动通常被称为辛苦忙碌的工作，常常是一些令人愉快的工作任务，可以提供一些短暂的休息机会。要谨慎处理第三和第四象限内的工作，以免在其上面花费过多的宝贵时间，因为那样做将导致对工作的不负责任。成功高效的人士会尽量缩短消耗在第三和第四象限内的工作时间，他们利用这些时间进行片刻的休整，因为无论那些工作是否紧急，它们都是无关紧要的。

有效管理时间的关键就在于将更多的时间用于第二象限内的工作上，这里指的主要是那些重要但不紧急的工作任务。这个象限内包括积极主动以及具有预防功能的工作。这些事情都是我们想要去做，而且应该去做的，但是我们却想要推迟或者拖延它们，这是因为没有最后期限督促我们。但是我们只有通过去做第二象限内的工作，才能够消除第一象限内的工作带来的压力，并且可以防止危机和问题的出现，从而降低我们的压力水平。①

进行有效时间管理只是众多的应对压力的办法之一，因为其具有行动性并且能帮助广大教师理清做事的顺序与重点，对那些面对众多压力事件而无所适从的教师来说，其帮助性很大。帮助教师调适自身压力的方法还有很多，如冥想、运动、听音乐、按摩等等，都是要使教师放松心灵，就像沙漠中踽踽而行的旅者，放下那些不必要的沉重行囊，才能轻装前行，更快地抵达旅途的终点。

---

①伍新春，张军. 教师职业倦怠预防[M]. 中国轻工业出版社，2008.10.

克服心理疲劳——正确对待教师职业倦怠

认识职业倦怠 /

"职业倦怠"是 1973 年美国心理学家弗登伯格在《职业心理学》杂志上首次提出来的，是指在职业环境中，对长期的情绪紧张源和人际关系紧张源的应激反映而表现出来的一系列心理、生理综合征。后由学者经研究确定了职业倦怠的三个核心成分：

- **情绪衰竭**：个体情绪情感处于极度疲劳状态，工作热情完全丧失；
- **非人性化或去个性化**：个体以消极、否定或麻木不仁的态度对待工作对象；
- **低个人成就感**：个体评价自我的意义与价值的倾向降低。

其中情绪衰竭是职业倦怠的核心成分。

近几年的调查研究表明，教师是职业倦怠症的高发人群。所谓"教师职业倦怠"是教师不能顺利应对工作压力时的一种极端反映，是教师长期处于紧张状态下所产生的情感、态度和行为的衰竭状态，其典型症状是情感的疏离和冷漠、工作热情和兴趣丧失以及工作满意度低。它不仅对教师的身心、生活各方面造成负面影响，而且还可能激发同事间矛盾，降低教学质量、影响学生心理健康的形成，甚至对整个社会的发展都会产生极大的消极作用。

【教育调查】

老师，您累吗？

2004 年 9 月 10 日，我国《法制晚报》与新浪教育频道联手推出"教师，您累吗？"的在线调查结果显示：

有将近六成的被调查者出现生理耗竭，即经常会感到自己疲惫不堪，对疾病的抵抗力下降，或者出现失眠、头痛、背痛、肠胃不适等症状。

有 47.13% 的被调查者出现价值衰落，即经常会对自己工作的意义和价值的评价下降，工作变得机械化且效率低下。

2004 年 12 月 6 日中国人力资源开发网发布的中国"工作倦怠指数"调查显示，有 50.34% 的教师存在不同程度的职业倦怠。[①]

教师职业倦怠是教师不能顺利应对工作压力时的一种极端反映，是教师在长期压力体验下产生的情绪、态度和行为的衰竭。尤其近年来，随着社会的发展，我国的教育体制随之发生了诸多变化，教师所面临的压力逐年增大，出现职业倦怠的教师人数逐年增多。体验职业倦怠的教师很可能个人生活质量下降、常旷工、工作不求进取、耗费大量时间寻求新的工作；在健康方面，倦怠的教师会有身体不适、失眠等。总的说来，教师职业倦怠有以下主要表现：

- **生理耗竭**：身体疲乏虚弱，伴有失眠、头痛、背痛、肠胃不适等症状；
- **才智枯竭**：知识不够用，注意力无法集中；
- **情绪衰竭**：工作热情丧失，容易悲观沮丧，减少和断绝与学生的联系以及丧失对于教师职业的热情；
- **价值衰落**：自我成就感降低，消极怠工；
- **去人性化**：冷漠多疑，人际关系恶化；
- **行为症状**：出现攻击他人的行为或自残行为。

上述症状不同，其职业倦怠的轻重也不一样。从以上症状看来，职业倦怠并非真正疾病，它更近似于一种"亚健康"的状态。

教师职业倦怠的危害

教师职业倦怠对于教师、对于学生，甚至对于教育，都有很大的危害。

（一）教师职业倦怠对教师的危害

职业倦怠会导致教师生理、认知、情感和行为的极度疲劳。在生理方面经常产

①黄桂芳. 教师职业倦怠的自我心理调适 [J]. 四川教育学院学报，2005 (6).

生疲劳感、失眠、食欲不振、喉咙嘶哑、背痛、头痛，以致全身酸疼，内分泌功能紊乱、血压升高等；在认知方面，教师会感到工作没有意义和价值，将工作看成是枯燥机械重复的琐碎事务，觉得前途暗淡，没有希望；在情感方面，教师对工作失去兴趣，厌倦，情绪波动大，经常感觉抑郁、焦虑和烦恼等；在行为方面，教师会厌倦工作，工作如同苦熬岁月，他们的工作效率很低，逃避社会交往等，并很容易诱发其他心理问题，激化人际矛盾，甚至会产生自残行为。

（二）教师职业倦怠对学生的危害

学生是教师的工作对象，教师对工作厌倦、不负责任必然会降低教育质量，进而影响学生的成长和发展。教师对学生冷漠、厌烦、挖苦、谩骂甚至滥施惩罚，会直接危害学生的身心健康。近年来，教师伤害学生的恶性事件屡屡见诸报端，反思其根源，其中一部分原因就是教师的职业倦怠，他们内心长期积压的抑郁、焦虑或失败感，在一定的刺激下以一种极端的方式发泄出来，导致行为失控，以至于给学生带来了无法弥补的身心创伤。

（三）教师职业倦怠对教育的危害

要想提高教育质量、发展教育事业，其关键在于教师。如果教师陷入职业倦怠的困境，则不能全心全意地投入到教育工作中，难以高效高质地完成教书育人的任务，导致教育质量降低。不仅如此，教师不能全身心对待教育，疏离学生，对工作没有热情得过且过，也会导致人们对教师队伍的整体评价降低，影响教师职业的社会形象。教师如若觉得前途暗淡，也会选择变更工作，这就会导致师资流失，教师队伍不稳定等，这些情况都会影响教育事业的稳步发展。

教师职业倦怠产生的原因 ／

教师职业倦怠产生的原因复杂多样，具体说来可以分为以下几大方面：

（一）教师的职业因素

教师职业是一个比较特殊的职业，其职业压力大，工作负荷重，日复一日，月复一月，年复一年，很容易产生倦怠心理。

张老师这是怎么了？

张老师做教师15年了，最近几个月不知道为什么，本来最爱和学生们呆在一起的她，总是有意无意地避免与学生们近距离接触，学生们凑在一起说话，她听见就心情烦躁，总想躲得远远的。在办公室里，原本爱说爱笑的她也不愿主动和同事聊天了，每天就只是坐在自己的办公桌前，希望谁都不要来打扰自己……

首先，教师沉重的工作负荷给教师带来职业倦怠。教学工作本身就是一种异常繁重紧张的过程，尤其是班主任，不仅要备课讲课、研究教材教法，还要对学生身心、学习、情绪等各方面加以照顾和引导。名目繁多的教学计划与改革、各种考核评比等也导致了教师本来繁重的工作更加沉重。再加上外部环境改革、社会变化给人们带来的价值观念的变化等，长时间超负荷运转和较大的社会责任，使得很多教师在心理和生理上处于极度疲劳和衰竭的状态。这种疲劳和衰竭状态正是教师职业倦怠产生的典型症状。

其次，教师的角色冲突给教师带来职业倦怠。教师不仅只代表了教师这一角色，可以说这个角色含义非常丰富。在工作中，教师既是知识的传授者，又是家长的代理人；在生活中，他们也有着常人应有的诸多角色：子女、父母、朋友等。教师扮演着多重角色，要从老师、家长、孩子等多种角度去考虑问题，而这些角色行为有时是相互矛盾甚至是冲突的。因此，这一切会使一个曾经非常富于责任心的教师不可避免地心力交瘁。

最后，教师工作的重复性给教师带来职业倦怠。教师在工作中常常面对的是同样年龄的学生、同一门学科、同一本教材，工作的重复性和单调性消磨了教师曾经的激情，使教师产生倦怠。我们经常可以看到这样一些年轻教师，初出校门时有着"人类灵魂的工程师"的激情澎湃，有着"春蚕到死丝方尽"的感慨，但随着时光的流逝，工作对他们来说已经失去了最初的意义。他们生活中少了感动，上课时少了激情，教书成了职业，工资成了工作唯一的动机，成为了一个实实在在的、流于平庸的"教书匠"。

（二）社会环境因素

不仅教师的职业因素，社会环境因素也是教师产生职业倦怠的重要原因。

首先，教师理想与现实的差距给教师带来职业倦怠。上文说到教师曾经激情澎湃，那是因为教师有较高的成就动机，他们渴望在工作中实现成功、体现价值。但是在现实生活中，教师的成功有着很大的不可确定性。教育是一个长期的工程，在工程初期或中期，可能没有办法看到工程的全貌，教育人不是一蹴而就的事情。所以大多数教师都是默默地长期付出，试想，一个人经年累月地雕刻一件作品，但是不到雕刻完成的那一天，他没办法看到作品的全貌，他怎能不烦闷呢？教师在教育过程中所体验到的不仅是工作的辛苦劳累，更有不被理解、有付出而无回报的辛酸，缺少职业满足感的现实与曾经美好的理想构成了足以使教师产生职业倦怠的冲突。

其次，学生难以管理给教师带来职业倦怠。教师的工作对象是具有独立思想的学生，其思想和行为不易为教师掌握、了解和控制。而且在当前社会转型期，许多不良风气和精神污染，不可避免地渗入校园，教师对学生苦口婆心的教育成果常常被现实抵消，这让教师难以相信自己的行为会有助于学生的发展。所以其只好降低自己对工作的投入以求得心理平衡。这种心理不断得到强化，长期以来得不到缓解，倦怠心理自然产生。

第三，学校对教师评价的机制不合理导致教师职业倦怠。"以分数论学生，以升学率论教师"，"以做课题、论文发表论教师"，这种对教师的评价方式十分普遍。这种单一的评价方式脱离教师的实际工作，而这种方式评价的结果又往往决定着教师的评优晋级、职称晋升、奖金发放、甚至关系到教师的"饭碗"。在这样的评价制度中，只要某一方面欠缺或不合格，就可能抹杀一名教师一个学期、一个学年，甚至几年付出的心血。这使得教师压力陡增，教师的人际关系处于微妙状态，而校领导又缺乏与教师的沟通，对教师的关心、激励不足，导致教师心理压抑、导致倦怠。

最后，教师的社会地位不高导致教师职业倦怠。教育对社会发展的价值与作用，决定了教师应当具有较高的社会地位和经济待遇。近些年来，国家虽然出台了一系列政策法规，不断提高教师的工资待遇和社会地位，但从总体上来看，与劳动性质和强度相当的其他行业相比，教师的工资待遇依然偏低，教师的社会地位与社会赋予教师职业的崇高使命并不相称。理想和现实的巨大反差大大挫伤了教师的工作热情，使得他们无奈地陷入职业倦怠。

（三）教师的个人因素

不管职业因素及社会环境因素如何，一定有那样一些教师依然不为左右，依然激情澎湃，依然理想坚定；一定也有那样一些教师被影响，被左右，被动摇。这就不能不考虑教师的个人因素。

首先，教师的个人内在原因导致教师职业倦怠。比如说教师的人格特质因素，某些教师所具有的人格特征很容易受到倦怠的伤害。怯懦、自卑、孤僻、狭隘等，在面临压力时，具有这样人格特征的教师往往不能采用适当的策略加以应对，他们较低的自信心，对自己缺乏准确的认识和客观评价、拥有不现实的理想和愿望，与同事缺乏交流与合作，所以他们非常容易受到倦怠的伤害。研究表明，具有下列特征的教师很容易受到职业倦怠的伤害。

- **具有不现实的理想和期望的教师**：他们虽然有理想，但不切实际，自我价值判断较低，自信心也低，他们对自己的优缺点缺乏准确认识和客观评价。

- **思想保守、缺乏创新意识和创新能力的教师**：他们容易使教育教学工作沦为简单机械的重复，难以适应教育改革对教师提出的要求，因而在工作中常感到力不从心，也难以获得成功体验，产生职业倦怠几乎是必然的事情。

- **缺乏交往技能、人际交往圈子狭窄、家庭关系不睦的教师**：他们不能获得足够的社会支持，心中的苦闷越积越多，长此以往自然会滋生消极倦怠的情绪。

- **心理调节能力欠缺的教师**：他们不重视对心理学知识的掌握和学习，心理出现问题后，他们不善于也不会进行调节，这就使职业倦怠成为可能。[1]

其次，教师的一些背景因素也是影响教师职业倦怠的重要原因。如从教年龄。郭

---

[1] 黄桂芳. 教师职业倦怠的自我心理调适 [J]. 四川教育学院学报，2005（6）.

红心对中学高级教师职业倦怠现象进行了长达 3 年的调查研究，通过不同的方式走访了 128 名不同年龄段的中学高级教师，发现"35 岁现象"日益严重，他们失去了专业化发展的目标和动力。"35 岁现象"实际上是指有些教师在 35 岁左右实现了获得高级职称之后，一改往日积极工作奋发努力为懒散于工作、凡事无所谓。这其实是一种职业倦怠的表现。此外，教师的婚姻状况、家庭负担、性别、职称等也会对职业倦怠产生影响。

战胜职业倦怠 ／

教师职业倦怠的产生，是外在因素和教师内在因素的相互作用共同产生的结果，因此要想有效防止和缓解教师的职业倦怠，需要整个社会、教育部门和学校等外在因素的大力支持。因本书的视角是关注教师本身的身心健康，所以我们更主要从教师本身来探讨职业倦怠的消除方法。对于为职业倦怠所困的教师而言，要想改变现状有两个办法：要么寻找一份新工作，脱离教师这个职业重新开始，要么改变自己，重新胜任教师工作。前者虽然是改变了工作，但如果没有从心理上解决问题，估计要不了多久就会重蹈覆辙。所以对于教师来说，改变自己、调整好个人心态才是摆脱职业倦怠的正途。为了更好地、从根本上摆脱职业倦怠，重新找回工作乐趣，教师可以从以下几个方面进行心理调适。

（一）教师要建立合理的期望和信念

其实无论是哪行哪业，职业倦怠是每个职业人都有机会体验到的正常心理，而并不是教师的专利。教师如若陷入了职业倦怠的旋涡，不要过于苛责自己，要正确认知，化压力为动力，争取华丽转身。要想顺利走出职业倦怠，教师要调整与教学工作有关的认识，建立合适的期望和信念。成熟的教师信念或期望既不是好高骛远不切实际的，也不是踯躅不前原地踏步的，应是一种稳步前进砥柱中流的。所以教师要正确地看待教学工作，也要正确地看待学生。对于自身来说，教师首先要做一个真实的人，才能做一个真实的教师；对于学生来说，教师要用发展的眼光来看待学生。这样不仅有利于教师本身的压力缓解，也有利于学生的身心健康。

（二）教师要丰富自己的生活，放松心灵提高素质

放松是指身体或精神由紧张状态转向松弛状态的过程，当感到压力不断时，持续数分钟的放松，往往要比一小时的睡眠要好。教师常用的放松方式有游泳、散步、做操、洗热水澡、听音乐、聊天、练瑜伽等。如果实在无法排解，教师也可以利用假期外出旅游，亲近自然。当然这些都是一些对于职业倦怠有针对性的做法，仿佛头痛医头，脚痛医脚，可能治标而不能治本。要想真正战胜职业倦怠，教师还要不断充实自己的心灵。教师可以通过读书、培训、与有经验的教师交流，以不断更新自己的教育理念、不断提升自我价值、不断地开阔视野，这样，教师才能从更高的角度上看问题，以更平和的心态对待生活和工作中的不满意，真正拥有心理上的安全感。

（三）教师要投入社会，广交朋友

研究表明，当威胁健康的因素发生时，缺乏社会支持的人比那些有朋友交往、具有较多社会支持的人更可能生病或死亡。任何人都不可能完全避免不良情绪的产生，关键在于他会不会调节自己的不良情绪，不让它随意泛滥和持续时间过长，这样可以防止或减少不良情绪对身体健康造成的伤害。对于教师来说，投入社会、广交朋友是一个非常不错的途径。当教师陷入职业倦怠时，不妨与家人亲友一起讨论或寻求心理支援，在他们的帮助下确立更现实的目标，重新审视自己目前的情境，使一些负面消极情绪就可以得到一定程度的发泄。如果情况严重的话，教师们还可以寻求心理援助或进行心理咨询。

（四）教师要提高自身处理问题的能力和自我调节能力

学生的纪律问题是造成教师职业倦怠的重要因素，因此，教师应加强处理学生问题的能力，让教学得以在安静、有纪律的情境下进行，从而提高学生的成绩，减少教师的挫折感，增强教师的自我效能感。教师如遇到以下情况：学生顶嘴，学校不公平，某件事情不遂人愿力所不及……教师们要理智清醒，增强自我调节能力。

如果通过以上调节方式，教师依然无法摆脱职业倦怠，则应尽快寻求心理帮助，或者更换工作。只有教师每天都能保持良好的精神风貌，每一个学生的健康成长才能有保障。

阳光总在风雨后——正确对待教师职业高原期

还是让我们先看一个案例：

【教育案例】

身心疲惫的何老师

何老师，44 岁，语文老师，性格比较内向，从小生活在农村。大学毕业后回到家乡，在家乡的一所乡级中学任教。由于工作认真负责，三年后调到县中，很快成为学校的教学骨干，并且在全市有一定的知名度。市区的一所重点高中想调他去，他心想市里的工作、生活环境比较好，机会也多一些，而且也为孩子的未来着想，欣然前往。可是到了市里以后，情况并不像他想象的那样乐观，由于初来乍到，与同事关系比较陌生，加上他来自农村，同事难免有点"眼色"对他，这使他自尊心受到了极大的伤害。虽然随着时间的推移，大家对他的教学能力的评价有了较大的改变，但他依然感到失落。整天忙于工作，很少有空闲的时候，看看周围同龄人，大都在为房子、孩子忙碌着，他也就随了大流。在一次体检中，他被发现患有高血压，他感叹地说：

"我感觉现在的生活平淡无味，整天机械地忙碌着，没有时间停下来思考。学校的应试越来越激烈，从早到晚都在学校，花了那么多时间，也没见到有什么效果，教育的意义已经索然，别说学生厌学，我都感到厌教了。但这就是现实，我们每天都要应对。教师吃的是良心饭，对得起学生就对得起自己了。但是现在身体弄成这个样子，不值得，还是要善待自己，否则什么都白忙。"[①]

在教育实践过程中，我们常常可以看到这种现象：有的教师在专业成长中，往往会因为自己的一点进步而兴奋，也会因工作不熟悉、具有挑战性而发奋努力。但当其

205

---

①程振响. 教师职业生涯规划与发展设计 [M]. 南京师范大学出版社，2009.7.

所掌握的技能完全能应付日复一日的全部工作时，如果不注意扩大新领域、探索新模式，成长中的"高原现象"就会随之产生。

何为高原期

"高原期"是教育心理学的概念，指在学习或技能的形成过程中，练习的中后期往往会出现进步的暂时停顿或者下降的现象，在曲线上表现为保持一定的水平而不上升，甚至有所下降，但在"高原期"之后，又可以看到曲线继续上升。

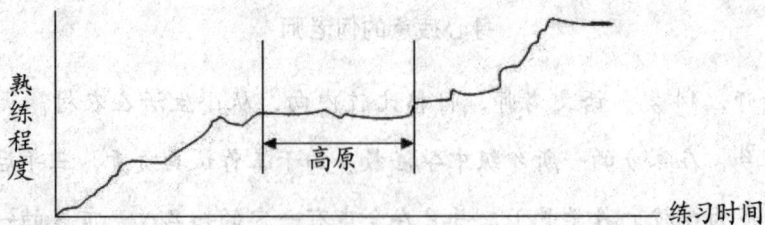

图6.2 练习的高原期

教师的职业生涯中也存在高原期。有研究者研究发现，工龄在五年之内的新教师，其教龄与教学效果往往是成正比的，并且曲线呈上升趋势；在随后的三年间，即第五年至第八年中，其发展趋势普遍呈平稳发展态势，但在第八年以后，教师群体的教学成就便会呈现两极分化的态势，其中5%左右的人通过不懈学习，其教学水平会得到升华，教学效果会迈上第二个上升坡道，个人也会逐步"成名、成家"；而剩下95%的人，其教学水平和教学效果会逐步下降，尽管下降幅度和速度各有不同，但一直很难有什么起色。在教育领域内，这95%的教师所呈现的状态便被称为教师职业生涯的高原期。

高原期的产生原因

教育心理学认为高原期现象是个体在学习知识和获得技能的过程中出现的正常现象，其产生的主要原因有如下几方面：

· 感觉机能和中枢机能对动作的控制和调节作用减弱；

· 提高练习成绩的新的活动结构和方法尚未形成；

· 练习方法不当；

· 形成消极的思维定势；

· 产生心理上和生理上的疲劳；

· 动机强度减弱、兴趣降低甚至产生厌倦等消极情绪；

· 意志品质不够顽强等。[1]

在职业生涯规划过程中，职业高原一般被视为个体在职业生涯的峰点，是职业生涯发展"向上运动"中工作内容、责任、挑战、压力的相对静止或者终止，是职业生涯发展上的一种"停滞期"。过去人们对教师职业歌颂得多，什么"红烛"、"园丁"，但是这些歌颂并没有涉及到教师职业劳动对教师本人现实生命质量的意义，并没有涉及到教师能否在日常的职业工作中感受到对自己的智慧和人格的挑战、对于自己生命发展和生命力展现的价值，感受到因从事这一职业带来的内在尊严与欢乐的满足。因此，当教师在本职岗位上工作一段时间后，不可避免地出现了"高原期"。万事皆有因，教师进入职业高原期的原因有哪些呢？

(一) 教师个体的生理心理原因

教师们在刚走上工作岗位的时候，就像一个上足了发条的工具，想在大家面前展现自己的优秀，而在努力付出获得了一大摞各种奖状证书之后，心态也就慢慢趋于平静，继而对各类教学已经提不起兴趣了。他们感觉自己一生奋斗像这样就已经很不错了，再努力下去进步的意义不大，因此只想着维持现状就可以了。当他们已经实现了原定的职业目标之后，他们已经不用花费太多精力就可以达到教学工作的最低要求。当心理的防线一旦松懈，一切东西在眼里都可以视而不见。一切工作都可以原谅自己，一切的失误都可以找到堂而皇之的借口。这个时期可以说是人生发展最重要的时期，对于每个人来说都是值得注意的，却也是教师自己最不知晓其中价值的时期。教师的专业结构在经历了迅速发展之后，出现了"高原期"。如果教师本人对此并无自觉，又没有他人的有效帮助，那么长时间内这位教师只能是"教书匠"。

---

[1] 莫雷. 教育心理学 [M]. 教育科学出版社，2007.8.

【教师案例】

77 岁高龄教海求索 50 年

作为第一本中学地理教学参考书的编写者、第一位在中央电视台主持中学生节目并获得全国优秀电视节目主持人称号的中学教师，王树声在我国地理教学界可谓影响巨大。12 月 6 日，北京师范大学附属中学为地理特级教师王树声隆重举行从教五十五周年教育教学研讨会。

半个多世纪以来，王树声的教学思想丰厚、教研成果丰硕，本报在此略取一二，希望能给一线教师些许启迪。

王树声，1949 年毕业于北京师范大学地理系，对专业知识的掌握是无可挑剔的，但他决不让课堂变成自己一个人的讲坛，不追求教师讲授得"天衣无缝"，而是给学生"留有余地"，启发学生发现问题并运用所学的知识深入思考、解决问题。

……

不惧挑战、敢为人先、喜欢尝试新事物，是王树声的一个显著特征。参加工作后，他曾经做过历史、地理、音乐、体育和美术五科联合的教研组长。面对考验，多才多艺的王老师把它看作进一步拓宽知识面的好机会，勇敢地挑起了重担。

……

"困难，但是很有趣！"这就是王树声面对新事物的态度。

谈起自己的成长之路，王树声的体会是要永不满足，不断跨越"高原期"。

王老师总结说，青年教师成长过程中一般有三个停滞不前的"高原期"，第一个大约出现在登上讲台 3 到 5 年的时候，第二个约在工作后的 8 到 10 年，第三个在工作 20 年左右时出现。"高原期"意味着满于现状，不知向哪个方向努力，甚至出现负向发展的趋势。这时必须要提高警惕，不断对自己提出新要求、新目标，在不断完善自己的知识结构、能力结构和教学行为中度过"高原期"，求得更大发展。就是这样，王老师自己的几个"高原期"都变作了他新的成长提高期。

与常人相比，王树声还遇到了一个退休后的"高原期"，他毫不例外地用给自己提出新目标的办法度过。他始终注意学习新事物，不断更新教育观念。培训教师，到高校讲学，73 岁学电脑，75 岁成立"王树声地理教学研究室"，编撰、出版了一本本颇受欢迎的地理教育著作……我想，王树声老师自己的话最能诠释这位名师的成长之路："我热爱生活的每一天，时时在想考验自己，看能否跨越点滴的新的高度。"[①]

（二）外界工作环境因素

如果教师在他所工作的环境中，个体工作能力属于较强的一类，那么在一段时间内个体在职业发展上接受进一步挑战、增加和承担进一步任务的可能性就会很小，用通俗的话来说就是无竞争对手，导致教师从心理上就放松了对自己的要求。如果教师在他所在的工作环境中，个体工作能力属于较中性一类，那么他在职业生涯发展阶段上处于一个职业变动相对缺失的时期，即上不去，但是他心里想的却是"比上不足、比下有余"，从而缺少动力支撑。如果教师在他所工作的环境中，个体工作能力属于比较弱的一类，他有可能去努力迎头赶上，也可能会甘于现状，对自己的工作能力有一种自我认可，而不思进取。这属于一种比较典型的结构性高原现象。

【扩展阅读】

温水青蛙实验

美国康奈尔大学做过一次有名的实验。经过精心策划安排，他们把一只青蛙冷不防丢进煮沸的油锅里，这只反映灵敏的青蛙在千钧一发的生死关头，用尽全力跃出了那势必使它葬身的滚滚油锅，跳到地面安然逃生。

隔半小时，他们使用一个同样大小的铁锅，这一回在锅里放满冷水，然后把那只死里逃生的青蛙放在锅里。这只青蛙在水里不时地来回游动。接着，实验人员偷偷在锅底下用炭火慢慢加热。青蛙不知究竟，仍然在微温的水中享受"温暖"，等它开始意识到锅中的水温已经使它熬受不住，必须奋力跳出才能活命时，一切为时太晚。它欲试乏力，全身瘫痪，呆呆地躺在水里，终致葬身在铁锅里面。

这个实验，揭示我们一个残酷无情的事实——回顾我们自己跋涉过来的途

[①] 77 岁高龄教海求索 50 年 .http://learning.sohu.com/20051231/n241237679.shtml.

程，何尝不也是如此？当生活的重担压得我们喘不过气，挫折、阻难堵住了四面八方的通口，人往往能发挥自己意想不到的潜能，杀出重围，找出一条活路来；等到功成名就，志得意满，甚至顾盼自雄的当儿，结果反而阴沟里翻船，弄得一败涂地，不可收拾！

但是根据一些自称做过此类实验的人所说，沸水投入青蛙，青蛙会被烫死跳不出来，而温水煮青蛙，在达到一定的水温后，青蛙会跳出。

实验真假姑且不论，但是此实验确实具有一定的寓言意义。[①]

（三）社会的因素

教师的社会压力是由他在社会活动中所处的地位和作用决定的。教师在人类社会的发展中起着承前启后、继往开来的作用。没有教师，人类社会就无法继续和发展。因此，教师职业在社会各行业中所居的地位是十分显著的，它起的作用也是巨大的。现代社会，由于科技的高速发展，社会对人素质的要求也越来越高，对教育质量的要求相应也水涨船高，对教师的要求必然步步攀升。过去教师面临的压力——如来自学校、学生和家长、自己家庭的压力，在现代社会中仍然存在，而且现代社会不仅在某种程度上增加了这些压力的强度，而且还给予了教师这一职业一些前所未有的压力，这些压力会给教师工作带来消极影响，使有些通过努力不能较好胜任工作的教师丧失信心，为了缓解压力，某些教师可能会采取得过且过的态度混沌度日，出现"高原期"。

【教育视窗】

强化学子访南京中学教师 破译教师发展"高原期"密码

曾经满怀激情的中青年教师，随着时间的推移，每天在办公室、教室两点一线间重复进行着"备、教、改、辅、查"等枯燥乏味的工作，从而产生厌倦情绪，进入职业发展的"瓶颈"。2011年7月，南京师范大学强化培养学院"文范"暑期社会实践小分队的七名"准师范生"，前往了南京市中华中学和扬子二中，就中学教师职业发展"高原期"的专题，采访了几位资深教师。

说到教师应该如何突破职业"高原期"，资深教师顾老师有自己的看法，

---

①温水青蛙．http://baike.baidu.com/view/309127.htm.

他认为教师之所以出现高原期，主要原因是重重压力，束缚住了教师的内心，并且周围的环境使他们难以走出这些束缚。应对策略主要还是依靠教师主观方面，教师自身应当持之以恒、调整心态，克服教师职业高原期；自我反思、改变策略，突破教师职业高原期；寻求对话、合作共进，跨越教师职业高原期。"当我们觉得困惑的时候，同事是最好的倾诉对象和协作伙伴，和教师同伴在一起工作，通过共同阅读与讨论，示范教学啦，课例研究啦，互相进行教学观察和反馈啦，进行观点的碰撞、分享彼此的新知识，都可以不断深化认识，进而提高教学质量。"顾老师笑了笑，"所以要记住，最好的朋友往往是竞争对象哦。"同学们若有所思，纷纷点头同意。

顾老师还提到突破教师高原期的客观条件也不可或缺，从学校管理，到教育体制，再到社会认知力，都会对教师职业发展产生潜移默化的影响。首先，学校要重建共同愿景，激励教师，如果说学校发展的现状无法激发教师继续发展的愿望，教师将从此裹足不前。因此，一个有利的共同愿景对于教师的发展非常重要。同时要以积极的价值取向引导教师。关注每位教师的价值取向和心理需求，这看似简单，实则不易，教师的需求是多元化的、有精神的、物质的，学校发展应当提倡"精神上的富有"，让教师有更高的追求。

"现在的学生基本上都是独生子女，是在爱中泡大的一代，而他们中学阶段正处于青春期的叛逆阶段，对于自我的强调特别强烈。他们常常会想：你凭什么让我这样，不让我那样。现在的学生变得特别不服管。所以和学生的沟通不能像从前那样执行教鞭主义，你需要和他们站在平等的角度来谈。"顾老师说道，"对于很'拗'的学生，有的时候就没有办法。有些跟老师起冲突的孩子，就认为老师是拿工资的，我付了钱，你是来为我服务的。这种想法很多是社会、家长给他们的。社会一提到老师，就说老师拿多少多少钱，一提到家教，就说老师去昧着良心去干什么。就算老师去做家教，他挣的也是自己的血汗钱。"

老师说起这些，一脸无奈，"社会要考虑到老师也是人，也要有家庭，也要有房子，也要生活。社会对于老师的形象就没有加以维护，而是不断地去毁灭。重教很重要，尊师也同样的重要。"

大家对于这些问题也表示很茫然，最后问道："那您对于我们这些准教师的师范生有没有什么建议呢？"顾老师说："首先你们不要因为当今教育制度的缺陷就对教育失望，要时刻保持希望并付出努力。另外，既然选择了教育行业，就要坚持到底，不能半途而废。"①

阳光总在风雨后，请相信有彩虹 ∕

有这样一首歌，你也许曾经也吟唱过，让我们一起重温一下：

人生路上甜苦和喜忧，

愿意与你分担所有。

难免曾经跌倒和等候，

要勇敢地抬头。

谁愿藏躲在避风的港口，

宁有波涛汹涌的自由。

愿是你心中灯塔的守候，

在迷雾中让你看透。

阳光总在风雨后，

乌云上有晴空，

珍惜所有的感动，

每一份希望在你手中。

阳光总在风雨后，

请相信有彩虹，

风风雨雨都接受，

我一直会在你的左右。

也许你从未思考过它的含义，只是觉得朗朗上口，旋律动听。其实这首歌是很给人力量的，尤其是当你处在高原期的时候。王国维在《人间词话》说："古今之成

①强化学子访南京中学教师 破译教师发展"高原期"密码 .http://sun.njnu.edu.cn/news/2011-8/212211_303492.html.

大事业、大学问者，必经过三种之境界：'昨夜西风凋碧树。独上高楼，望尽天涯路'。此第一境也。'衣带渐宽终不悔，为伊消得人憔悴。'此第二境也。'众里寻他千百度，蓦然回首，那人却在，灯火阑珊处'。此第三境也。"今日看之，第二境界就是我们所谓的"高原期"，而度过"高原期"之后呢？除了王国维描述之美，还有一句话也可描绘一二，即"山重水复疑无路，柳暗花明又一村"。所以我们说，处在高原期的教师们大可不必自怨自艾，也不必破罐子破摔，认为自己没有出路进而甘心做一辈子"教书匠"，黎明之前总是最黑暗的，量变的累积必然带来质变的爆发，度过这段最黑暗的时期，美丽的日出在等待着你呢！

【教育课堂】

教师如何走出发展的"高原期"

高原期是教师发展过程的一个阶段，在不同教师身上，表现不一样，但基本特征相似。这一阶段如果得不到再突破、再培训、再提高，无疑会制约教师今后的专业发展。那么，教师成长中的"高原期"之路该怎么走呢？

1．明确"着力点"：加强教学技能技巧的训练，走出教学艺术缺乏的"高原期"

教学既是一门科学，也是一门艺术。教学首先是一门科学，因为教学有客观规律可循，必须以科学的理论为指导。同时，教学也是一种高度创造性的劳动，教学理论应用于教学实际，必须因人、因地、因时制宜，没有固定的程式。

教学效果与教师的语言、智慧、经验等有关。新教师要加强教学技能、技巧的训练，对教学技能（包括导入、语言、板书、讲解、提问等），应以对其自身教学技能的反思为切入点。可以观看特技教师的典型案例，分析各种教学技能的类型、特点、效果；选择不同课型与新授课、练习课、复习课进行教案设计，然后进行教学实践和录像，最后对录像进行分析评价，重点在于提高自身的教学技能。

2．找到"生长点"：重视教育教学技术的运用，走出教学技术缺乏的"高原期"

在网络时代,如果教师与网络绝缘,就无异于新时代的"睁眼瞎"。虽然对"如何更好地发挥多媒体的作用"这一问题还有这样的说法,但谁也不能否认合理地运用这些技术为课堂教学服务会收到事半功倍的效果。因此,教师必须掌握尽可能多的新信息技术,参与各种教育教学合作。

3．探求"发展点"：继续教育终身化，走出专业知识缺乏的"高原期"

教师继续教育的终身化,既是社会发展的趋势,也是教师自我提高、自我发展的需要。在倡导学习型社会的今天,承担着育人使命的教师,理应视终身学习为自己的天职。教师的个体发展取决于自身的内在需求。知识的更新需要教师不断地学习,学习是教师一生中最积极、最有意义的活动。在新课程背景下,在这个终身学习的时代,学习是教师的生活,学习是教师的工作,学习是教师的责任。教师要走出知识缺乏的"高原期",必须树立终身学习理念。

4．寻求"契合点"：培养合作意识，走出团体精神缺乏的"高原期"

教师有时精神压力太大,思想负担过重,心理上和生理上过度疲惫,导致动机强度减弱,热情不足,甚至会出现自高自大、自命不凡、闭门造车、孤芳自赏、不虚心求教等现象。

其实,新课程倡导"自主、合作、探究"的学习方式,培养"公民良好的人文素养和科学素养""创新精神、合作意识和开放的视野"。合作不仅是一种学习方式,也是现代教师素养的一种表现。善于合作是教师人文精神的重要组成部分。因此教师必须改变彼此之间的孤立与封闭现状,学会与他人合作,既与同学科教师合作,又与不同学科教师合作。

5．确立"支撑点"：参加教育科研活动，走出教学自我诊断缺乏的"高原期"

教育科研是教师的教育素养转化为教学效果的中介和桥梁。一位成熟的教师应是研究型、专家型的教师,不仅具备丰富的教学经验,还具有对教学实践的理性思考和深层探究的工作品质,能够不断学习先进的教育思想,不断更新自己的知识,在实践中学习、追求、发展和提升,不断克服自身教育教学经验的局限性和片面性。[①]

---

①周如俊．教师如何走出发展的"高原期"[N]．天津教育报，2008—4—16(03)．

参考文献

［1］连榕.教师职业生涯发展［M］.中国轻工业出版社，2010.1.

［2］刘素梅.教师的职业生涯与规划［M］.东北师范大学出版社，2010.8.

［3］刘素梅.教师职业生涯规划策略［M］.东北师范大学出版社，2010.11.

［4］程振响.教师职业生涯规划与发展设计［M］.南京师范大学出版社，2009.7.

［5］苏·考利，宋旸译.初为人师——教师职业生涯第一年［M］.北京师范大学出版社，2008.6.

［6］崔智涛，孙玫路.生涯规划教师用书［M］.华东师范大学出版社，2007.6.

［7］张艳红，曲丽.选对职业——我的职业我做主［M］.清华大学出版社，2011.6.

［8］钱杭园，李文丽.学会学习与职业规划［M］.科学出版社，2010.9.

［9］卜欣欣，陆爱平.个人职业生涯规划［M］.中国时代经济出版社，2004.1.

［10］姚裕群.职业生涯规划与发展［M］.首都经济贸易大学出版社，2003.4.

［11］周坤.我的人生我做主——职业生涯设计与自我管理［M］.北京大学出版社，2006.12.

［12］朱训林.教你成为专家型教师［M］.东北师范大学出版社，2010.7.

［13］王卫东.教师专业发展探新——若干理论的阐释与辨析［M］.暨南大

学出版社, 2007.11.

［14］肖川. 教师的幸福人生与专业成长 [M]. 新华出版社, 2008.8.

［15］徐斌艳. 教师专业发展的多元途径 [M]. 上海教育出版社, 2008.1.

［16］陈艳, 李宜君. 我的职业我做主——教师职业生涯规划 [M]. 乌鲁木齐: 新疆青少年出版社, 2009.12.

［17］赵国忠. 外国优秀教师最有效的建议 [M]. 南京大学出版社, 2009.9.

［18］王莉韵. 我和导师毛蓓蕾——一个年轻教师的专业成长 [M]. 上海教育出版社, 2009.8.

［19］曹洪敏. 教而思教 [M]. 北京师范大学出版社, 2009.6.

［20］魏书生. 如何做最好的教师——影响教师一生的中外教育家经典感言 [M]. 南京大学出版社, 2009.8.

［21］朱永新. 我的教育理想（增补本）[M]. 漓江出版社, 2009.4.

［22］张然, 郑浩克. 教师, 成长在课程内外 [M]. 克孜勒苏柯尔克孜文出版社, 新疆青少年出版社, 2009.12.

［23］刘洋, 刘恩樵. 与优秀教师同行 [M]. 华东师范大学出版社, 2008.7.

［24］欧阳明. 读经典故事 悟教育智慧 [M]. 四川大学出版社, 2007.8.

［25］姚利民. 新课程骨干教师成长秘诀 [M]. 克孜勒苏柯尔克孜文出版社, 新疆青少年出版社, 2009.10.

［26］毛杰, 杨明春. 成长的阶梯——贫困山区教师专业发展的研究与实践 [M]. 四川大学出版社, 2008.6.

［27］余文森, 连榕等. 教师专业发展 [M]. 福建教育出版社, 2007.11.

［28］彭聃龄. 普通心理学 [M]. 北京师范大学出版社, 2001.5.

［29］李虹. 教师工作压力管理 [M]. 中国轻工业出版社, 2008.10.

［30］伍新春, 张军. 教师职业倦怠预防 [M]. 中国轻工业出版社, 2008.10.

［31］莫雷. 教育心理学 [M]. 教育科学出版社, 2007.8.